现代化班组管理趣味书

河南本誉科技管理有限公司　著

青海省质量管理协会
南 京 质 量 协 会　审

中国质量标准出版传媒有限公司
中　国　标　准　出　版　社

北　京

图书在版编目（CIP）数据

现代化班组管理趣味书 / 河南本誉科技管理有限公司著 . -- 北京：中国质量标准出版传媒有限公司，2025. 8. -- ISBN 978-7-5026-5867-0

Ⅰ. F406.6-49

中国国家版本馆 CIP 数据核字第 2025HY1322 号

中国质量标准出版传媒有限公司
中　国　标　准　出　版　社　出版发行

北京市朝阳区和平里西街甲 2 号（100029）

网址：www.spc.net.cn

总编室：（010）68533533　发行中心：（010）51780238

读者服务部：（010）68523946

北京联兴盛业印刷股份有限公司印刷

各地新华书店经销

*

开本 710 × 1000　1/16　印张 11.5　字数 88 千字

2025 年 8 月第 1 版　2025 年 8 月第 1 次印刷

*

定价：42.00 元

编委会

主　　编： 芮宁斌

副 主 编： 张本章　张丽萍　刘　静

主　　审： 赵广明　张永红

副 主 审： 杨德威　管宁馨

封面设计： 芯愿文化

插图设计： 芯愿文化　张瑜琦　赵方源　赵　苏

编　　委（按汉语拼音排序）：

崔焕焕　邓　婕　丁胜涛　袁雯怡

张　怡　朱全新

前言

在当今快速变化的经济环境中，组织面临激烈的市场竞争和不断变化的顾客需求。为了保持竞争优势，组织必须持续提高产品和服务的质量，以满足甚至超越顾客的期望。

班组作为组织的基本工作单元，直接参与生产和服务，班组的建设和管理水平直接关系产品和服务的质量。一个高效、有凝聚力的班组能够有效执行全面质量管理的各项要求，通过团队协作和共同目标的实现，不断提升工作质量和效率。

本书灵活运用全面质量管理工具和方法，结合电力、交通、医疗、建筑、快递等行业班组建设实际场景，指导班组打造高效、协作、持续改进的团队，通过班组自身力量来夯实管理基础，以追求实现现代化班组管理的目标。

本书共分为12章，主要包括班组管理理念、班组在各项管理中的角色、班组建设的策略与方法、班组建设实践场景、班组面临的挑战与未来展望等。

我们相信，通过阅读本书，企业管理人员、班组长、班组员工能够获得宝贵的知识和启示，从而更好地推动现代化的先进管理理念、方法在班组层面的实施和深化。让我们一起努力，通过现代化班组建设与管理，为组织的高质量发展奠定更为坚实的基础。

著者

2025 年 4 月

目录

第一章 班组管理概述

班组是企业中最基础的正式组织单元，通常指在劳动分工的基础上，将生产过程中相互协作的同工种、相近工种，或者不同工种的作业人员组织在一起，从事企业生产经营活动的一种组织。

直播现场

直播团队是一种新型的班组。

班组“麻雀虽小、五脏俱全”，具有结构小、管理全、任务实、工作细等特点，企业的工作要通过班组去落实。

班组按其生产产品、工艺特性或行业业务范围不同，重点不同，可划分为五类：

①生产型班组（加工、制造、工艺、检修等）；

②服务型班组（客运、餐饮、物业等）；

③管理型班组（库房、保卫等）；

④技术型班组（研发、设计、计量等）；

⑤辅助型班组（搬运、保洁等）。

班组是企业的细胞，具有提高企业经济效益、保证企业管理目标实现的作用；班组是职工的“小家”，具有凝聚人心的作用。

班组长是班组管理的第一责任人，既要上传下达、沟通左右，又要带领班组员工开展各项具体工作；主要负责组织和指挥班组成员作业，确保安全、提升质量、节能环保、管控成本，以及承担生产、劳务和辅助上级管理等任务。

兵头将尾

班组长的综合素养直接影响班组的生产水平和工作绩效。

十八般武艺，样样精通

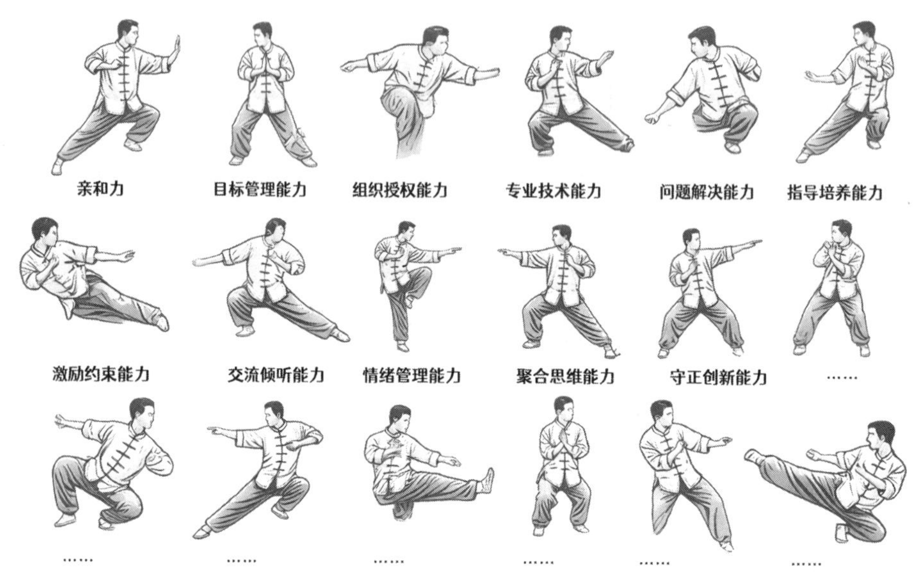

班组长要组织团队出色完成各类安全生产（服务）等任务，请记住十五字口诀：

①做表率——喊破嗓子不如甩开膀子；

②会协调——十个指头弹钢琴；

③巧分工——你耕田来我织布；

④善团结——众人拾柴火焰高；

⑤暖人心——雪中送炭传真情。

百尺竿头，更进一步

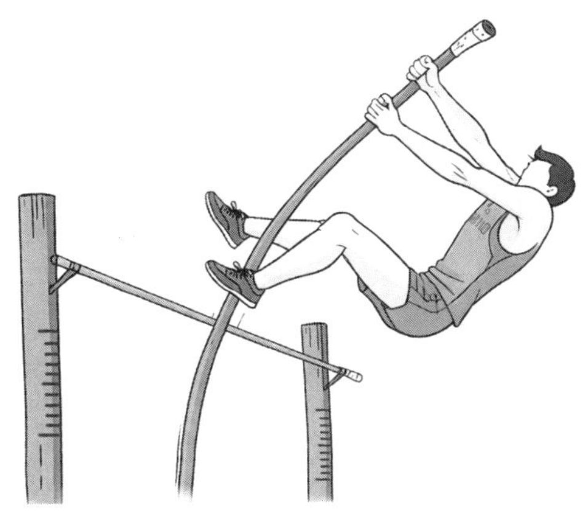

卓越班组长要做到：

①坚持高标定位，勇当先锋；

②善于授权激励，快乐工作；

③融洽各方关系，精准服务；

④创造卓越业绩，合作共赢。

卓越班组要始终保持高昂的士气，拥有“大海”的胸怀，智慧、奋发、有为。

班组管理是指班组自身所进行的计划、组织、协调、控制、监督和激励等管理活动，其职能在于对班组的人、财、物进行科学组织、高效利用。

班组管理的最大特点就是员工积极参与生产中的“自主”管理。

班组管理必须关注大局，从细节入手，综合运用班组管理“八小招”。

①定出“小规矩”。班组应根据企业的经营方针和规章制度，结合实际，制定并落实相应管理措施，规范班组员工行为。

②选树“小楷模”。班组应选拔品德好、素质高、能力强、业务精、善团结、乐助人的员工作为“小楷模”。

③组织“小竞赛”。班组应关注青年积极向上的需求，开展形式多样的小型竞赛，营造“比、学、赶、帮、超”的浓厚氛围。

④做好“小核算”。班组应加强预算管理，增强员工的责任意识、风险意识、经营意识等，促进员工主动经营创效、节支降耗。

⑤开好“小座谈”。班组应及时了解员工思想，主动解决员工困难，增强员工主人翁意识，形成强大合力。

⑥征纳“小点子”。班组应鼓励员工开展小改革、小发明、小创造，发挥协同创新作用。

⑦落实“小考核”。班组应在安全、质量、环保、任务、成本等方面奖优罚劣，增强员工的积极性和创造性。

⑧培育“小工匠”。班组应在质量提升中，培育员工的匠人精神、自主力和使命感。

进入高质量发展的新时代，班组管理的作用更加凸显，其好坏直接关系企业经营的成败。因此，加强班组建设，不断提高班组管理水平，对增强企业的活力具有十分重要的意义。

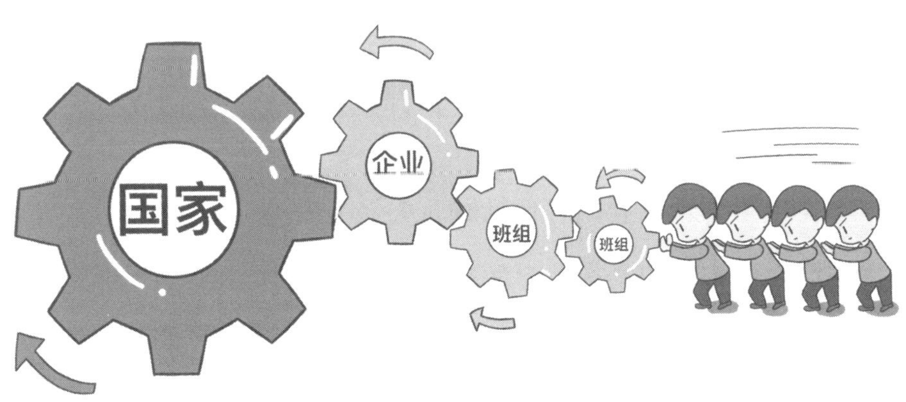

中国式现代化离不开优秀企业的高质量发展，优秀企业的高质量发展离不开卓越班组管理，卓越班组管理离不开班组长和班组成员的共同努力。

随着经济社会发展和科技进步，企业对班组的要求越来越高，数字化、智能化、绿色化已成为班组未来发展新趋势。

班组管理主要内容包括顾客关系、安全、质量、制度、生产、人力资源、设备、应急、成本、知识、创新管理等。班组管理知识的深入学习和推广应用，是摆在我们面前的当务之急，也是提升班组执行力的重要保障。

本书以独立故事成篇、以漫画形式导入知识点，嵌入理论与实际操作相结合的班组场景，帮助一线班组长和班组成员精准理解、灵活实践，提升班组管理水平，创建卓越班组。

班组顾客关系管理

顾客：接受产品的组织或个人。他们可能是最终的消费者、代理人或供应链内的中间人。本章参照医疗行业的服务案例，所谓的“顾客”包含患者、家属及医务工作人员等。

顾客关系管理（Customer Relationship Management，CRM），是指组织为提高核心竞争力，利用相应的信息技术以及互联网技术协调组织与顾客间在销售、营销和服务上的交互，向顾客提供创新式、个性化的服务过程，从而提升组织管理水平。

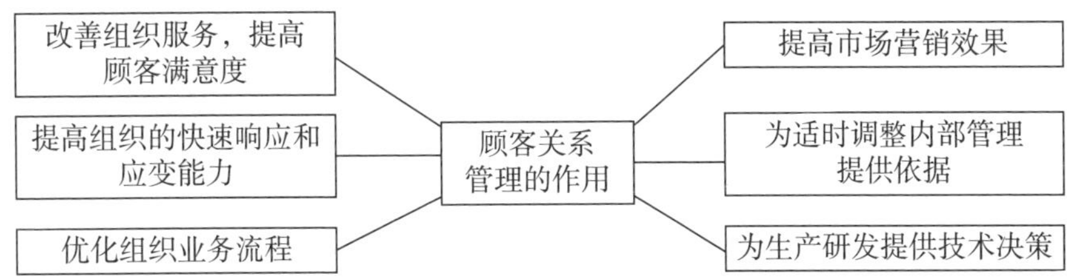

“药王”孙思邈留有“人命至重，有贵千金”的名言。故为医者须有仁爱之心，普救众生之志，还要具备高超的医疗技术，能正确地辨证施治。医生救人一命，胜于馈赠千金。

人命至重，有贵千金

以人为本，患者至上

芬兰学者格朗鲁斯（Gronroos Goodstein）的“顾客价值关系”理论，认为“顾客价值是在顾客使用产品或服务，并获得价值增值之后而产生的一种顾客与生产商之间的情感联系（emotional bond）”。

班组顾客关系管理是班组在精准识别顾客需求的基础上，改善内部管理，提供优质产品（服务），加强沟通交互，持续增强顾客满意的过程。

班组顾客关系管理主要包括建立顾客信息数据库、加强顾客沟通交互、识别顾客需求、改善顾客体验、建立长效管理机制等方面。

1. 建立顾客信息数据库

顾客信息数据库是顾客关系管理的基础，班组应确保收集信息的完整性、准确性和安全性，并定期更新和维护。

建立顾客信息的收集标准——顾客信息模型，包括“可视”“相关”“延伸”等部分。

可视：如职业、性别、联系方式、历史就诊记录等。

相关：如慢性病、过敏史等。

延伸：如生活习惯、饮食习惯、工作压力等。

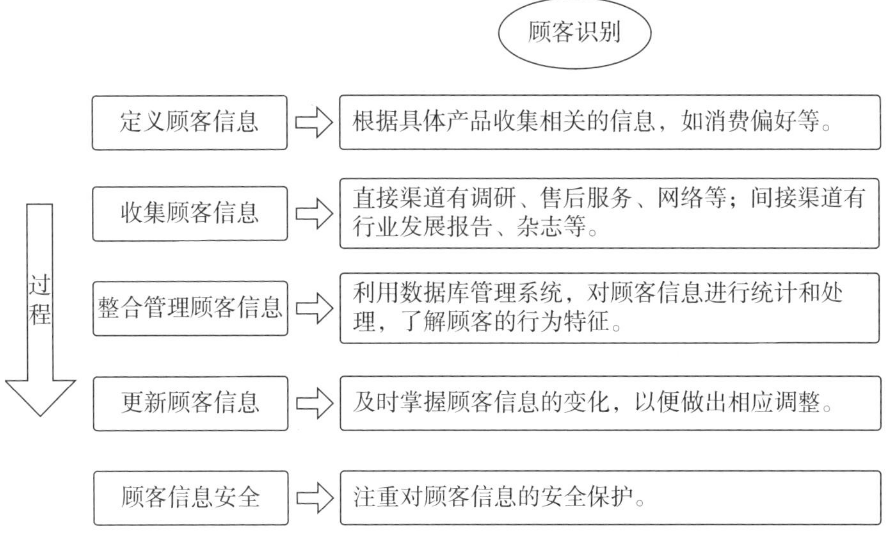

根据不同需求和行为特征，可将顾客分为：潜在顾客、新顾客、常顾客、老顾客、忠诚顾客以及流失的顾客。

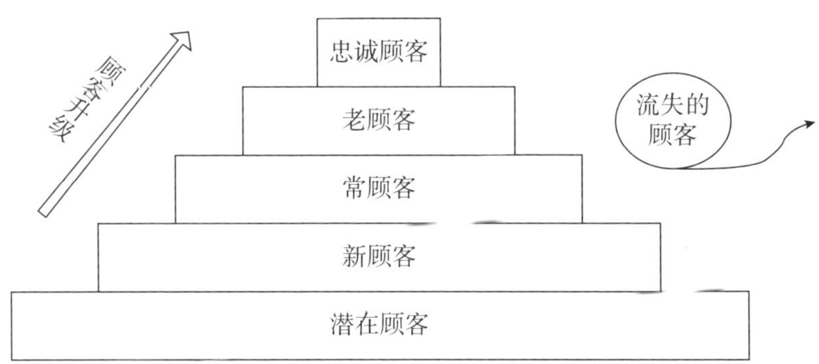

2. 加强顾客沟通交互

良好的沟通是顾客关系管理的重要环节。班组可利用电话、邮件、社交媒体等多种渠道，保持与顾客的密切沟通，并明确沟通方式、沟通时机、沟通频次等。

①传统沟通方式：面访、电话访问、邮寄问卷访问、留置问卷访问、网络访问、顾客座谈会、深度访谈、观察调查法。

②新型沟通方式：计算机辅助电话调查系统（CATI）、平板电脑辅助的在线问卷调查系统、在线顾客座谈会、互联网社区调研、在线个人深度访谈、大数据网络用户满意度评价。

3. 识别顾客需求

顾客包括外部顾客和内部顾客。外部顾客是组织外部接受产品（服务）的组织和个人，如消费者、零售商和最终使用者等；内部顾客是相对外部顾客而言，组织内部接受产品（服务）的部门和人员，如股东、经营者、员工等。

班组应精准识别和理解顾客的需求，从顾客的偏好、行为中，创造出符合顾客期望的产品（服务），建立起信任和互惠的关系。

①对外部顾客的当前需求分析。班组要研究顾客的偏好，可考虑产品品种、质量、样式、顾客的购买行为、情感因素、生活方式等。

②对外部顾客的潜在需求分析。班组要开展顾客潜在需求预测，可考虑人口分布、人群年龄、整体受教育程度、

生活方式、民族聚居等因素，这些都是决定顾客未来需求的重要指标。

③对内部顾客的需求分析。组织的首要任务是满足顾客需求，班组员工是实现这一目标的关键。员工在经营中的参与程度和积极性，在很大程度上影响着顾客满意度。班组要对全体员工给予充分尊重、信任和支持，解决员工需求，增强班组凝聚力和向心力。

随着经济的发展和社会的进步，消费升级已经成为当下的一个热门话题。满足顾客不断变化的需求，需要组织不断进行产品创新、服务升级和体验提升。只有深入了解顾客的需求及其变化，不断提升产品和服务的质量，打造独特的消费体验，才能赢得顾客的青睐和口碑。

4. 改善顾客体验

（1）增强全员服务意识

班组要将服务意识融入各项工作流程中，确保所有员工都真诚关怀顾客，并提供有价值的服务，做到爱岗敬业、文明用语、换位思考等。

（2）提高产品（服务）质量

提供优质服务，为组织增彩添色。如优化门诊患者就诊流程，一目了然。

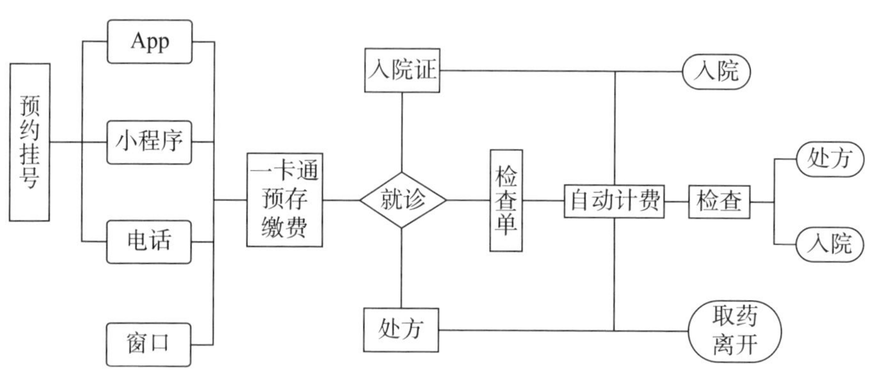

优质服务→帮助顾客预防问题。

常规服务→出了问题解决问题。

劣质服务→出了问题推诿问题。

提供个性化服务，使患者感到被重视。如术后康复指导、特需病房、多学科联合会诊等。

智能导医机器人

提供体系化服务，持续关注顾客体验。如某公立医院在门诊首创推出“诊区办”融合服务模式，改变了传统模式中挂号、缴费、就诊、检查到处跑的流程，提升了患者的就医体验感和满意度。

优质服务的四把“金钥匙”：

第一把“金钥匙”：顾客就是我们的亲人。

第二把“金钥匙”：微笑。

第三把“金钥匙”：真诚和友好。

第四把“金钥匙”：提供快捷迅速的服务。

（3）妥善处理顾客抱怨

有效倾听顾客抱怨。当顾客倾吐自己的抱怨与不满时，应当保持足够的耐心去倾听。

诚心诚意地道歉。对顾客提出的问题表示感谢，表达歉意时态度要真诚。

实实在在解决问题。只有妥善解决了顾客的问题，才算完成了对这次抱怨的处理。

处理顾客不满的6个步骤

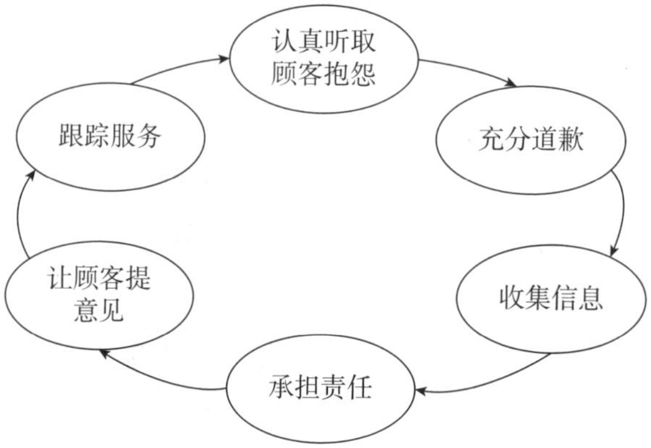

认真听取顾客抱怨 → 充分道歉 → 收集信息 → 承担责任 → 让顾客提意见 → 跟踪服务 → 认真听取顾客抱怨

（4）降低顾客投诉率

顾客投诉不仅会影响组织的声誉，还可能导致顾客流失和业绩下滑，班组可从以下几个方面来降低顾客投诉率：

①持续提供高质量的产品（服务）。确保所提供的产品（服务）能够满足顾客的需求和期望，减少因产品（服务）质量问题而投诉的机会。

②建立快速响应机制。在顾客使用产品（服务）过程中，注重顾客反馈和意见，建立顾客反馈处理流程，确保顾客问题能够得到及时、有效的解决。

③加强员工技能培训。通过培训，提高员工的专业知识和服务技能，更好地理解顾客需求，并提供满意的解决方案。

5. 建立长效管理机制

①健全制度落实机制。以制度保安全，以服务促满意。如医疗系统必须严格落实首诊负责制、急危重患者抢救制度、手术安全核查制度等医疗核心制度。

②建立有效的投诉处理机制。确保每个投诉都能及时记录、跟踪处理、妥善解决。

③建立定期分析与持续改进机制。定期对顾客满意情况进行分析，找出不满意的问题根源，制定改进措施；健全产品（服务）质量监控体系，确保顾客获得高品质的产品（服务）；根据顾客反馈和市场变化，不断优化产品（服务），持续提升顾客体验。

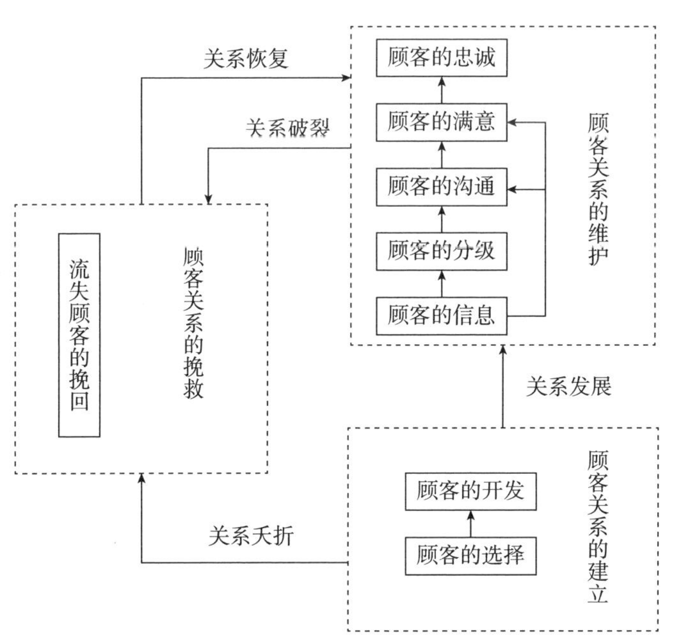

随着科技的发展和顾客需求的变化，班组还应不断更新和改进顾客关系管理方法，精准识别并满足顾客最迫切的需求，增加人文情怀和运用科技手段来提升服务质量，确保在激烈的市场竞争中保持领先地位。

如医院通过开展“健康大篷车”义诊进社区活动，打通医疗服务最后一公里，把健康送到百姓身边；以患者为中心，构建“床边服务一体化体系”，让患者感受到温暖、便捷；开启智慧医疗互联网医院，集成线上诊疗、医疗咨询、在线问诊、会员管理、医疗资讯、在线支付等丰富功能，提供更优质的医疗服务。

班组安全管理

国家安全工作应当坚持总体国家安全观，以人民安全为宗旨，以政治安全为根本，以经济安全为基础，以军事、科技、文化、社会安全为保障，以促进国际安全为依托，维护各领域国家安全，构建国家安全体系，走中国特色国家安全道路。

安全：没有危险、不受威胁、不出事故。

安全管理是现代化企业管理的重要组成部分，通过组织、计划、实施、控制等管理职能，对生产或活动中的风险进行识别、评估和控制，以预防事故发生、减少危害，保障人员生命财产安全及环境可持续发展的系统化管理过程。

安全第一，预防为主，综合治理

班组安全管理是以班组为基本单元，重点预防生产过程中发生人身、设备事故，形成良好劳动环境和工作秩序而采取的一系列措施和活动。强化班组安全管理是夯实企业安全生产基础、实现本质安全的根本途径。

班组是企业安全生产事故的“多发地”，是事故预防的“第一道防线”。因此，班组要夯实安全管理基础工作，消除各类安全隐患，杜绝安全事故发生，确保企业长治久安。

美国著名安全工程师赫伯特·威廉·海因里希（Herbert William Heinrich）曾提出著名的因果连锁理论，又称多米诺骨牌理论。该理论认为，伤亡事故的发生不是一个孤立的事件，尽管伤害可能在某瞬间突然发生，却是一系列事件相继发生的结果。

他还提出了“1:29:300”法则，即在机械生产过程中，每发生 330 起意外事件，其中有 300 件未产生人员伤害，29 件造成人员轻伤，1 件导致重伤或死亡。

事故的发生通常是因为人的不安全行为和物的不安全状态，一旦发生时间和空间的运动轨迹交叉，就会造成事故。如能及时采取有效措施，即可避免事故的发生。因此，班组安全管理需要在人和物的管控上下功夫。

1. 狠抓安全教育培训，提升员工安全意识

（1）三级安全教育

新入职、新转岗、新晋升员工是安全管理的关键，需进行三级安全教育，即企业级安全教育、车间级安全教育、班组级安全教育。

班组级安全教育内容主要包括安全职责、岗位操作规程、安全防护知识、紧急救护和自救常识、安全标识、遵章守纪的重要性和必要性、安全警示教育等。

（2）日常安全教育

将安全注意事项、施工和检修前安全措施等，通过安全要领每日学、安全问题大家谈等多种形式，使员工全面理解和掌握各类安全管理制度，做到内化于心、外化于行。

班组安全管理工作必须执行以《中华人民共和国安全生产法》为核心的安全法律法规，国家标准、行业标准、地方标准、团体标准，以及企业相关管理制度等。

（3）专项安全教育

包括年度劳动安全、特种作业（设备）安全、网络安全、防暑防寒等季节性安全、典型事故案例安全教育等。

典型事故案例教育是通过分析造成事故的原因和责任，教育员工从事故中汲取教训。

“安全”要天天讲、月月讲、年年讲，做到持之以恒，久久为功，持续提升全体员工的安全意识。

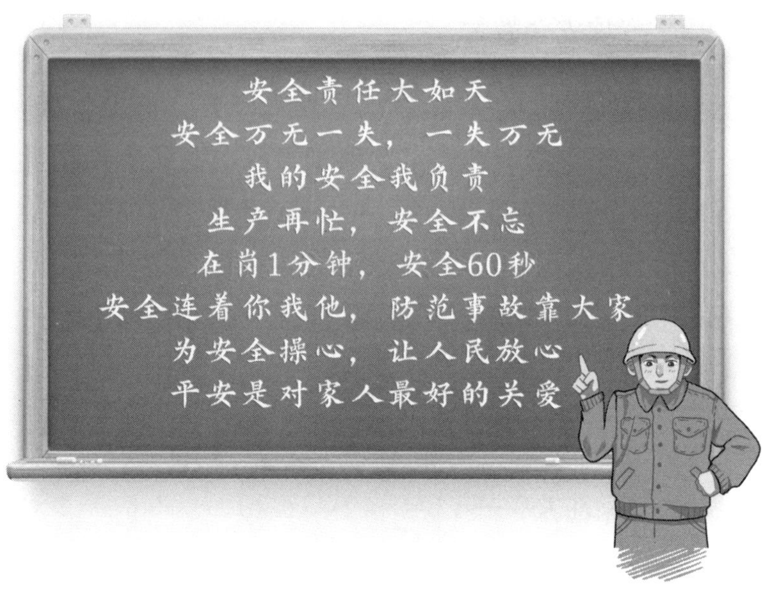

2. 严格安全生产组织，夯实安全管理基础

（1）开好班前会，充分预知风险

①班前点名（列队）；

②传达上级重要会议精神或学习文件通知；

③合理布置工作，明确员工当班主要工作任务；

④预想和提示当班安全风险；

⑤检查工具、仪表、防护用品准备齐全。

不同类型的班组可结合实际，制定一套适宜的标准化、规范化班前会流程。

（2）班中作业标准化，消除安全隐患

一是要正确穿戴和使用劳动防护用品，确保人身安全。

“八防”要牢记：防止车辆伤害；防止高处坠落；防止触电伤害；防止起重伤害；防止物体打击；防止机具伤害；防止爆炸伤害；防止中毒窒息。

二是要按照标准流程和操作规范作业，凡可能发生误操作且会造成严重后果的，应落实安全生产确认制。

安全生产确认制可考虑三种常用形式，即手指呼唤、呼唤应答、模拟操作。

①手指呼唤。即用手指着作业对象的操作部位，用简练的语言口述或者呼喊，明确操作要领，然后操作。

②呼唤应答。对于多人互相配合的作业可采取呼唤应答确认。即一方呼唤，另一方应答，确认理解无误后再操作。

③模拟操作。对于复杂、重要的工作，在采用手指呼唤

的同时还应实行模拟操作，经模拟操作无误后方可正式操作。

三是要防范习惯性违章。

习惯性违章是指那些固守旧有的不良作业传统和工作习惯，违反安全工作制度，长期反复发生的作业行为。

习惯性违章主要有三种表现：违章指挥、违章操作、违反劳动纪律。它是导致各类事故的罪魁祸首，直接威胁班组的安全。

据统计，安全事故中有 90% 以上都是因为习惯性违章导致。

违章操作就是自杀，违章指挥就是杀人！

（3）开好班后会，做到持续改进

一是总结得失。小结当日生产任务完成和安全规程执行情况，肯定好的方面，查找问题和不足。

二是奖罚分明。对表现突出的员工提出表扬；对违章的员工视情节轻重和造成后果的大小，提出批评或考核。

三是持续改进。对人员安排、作业方法、安全事项等方面提出改进意见和防范措施。

3. 提升安全管理水平，确保安全生产持续稳定

班组安全管理要高度重视日常安全检查，做到月或季度定期安全分析和年度安全评估。

（1）日常检查

一是掌握检查“四要点”。

检查思想、纪律方面；检查法规制度执行方面；检查员工在生产过程中是否存在不安全行为；检查生产现场是否存在物的不安全状态。

不同类型的班组可结合生产实际制定日常检查表（如下表），对检查中发现的不符合项及异常情况，限期内制定并落实整改措施。

班组安全生产日常检查表

检查内容	日期									
	日		日		日		日		日	
	上午	下午	上午	下午	上午	下午	上午	下午	上午	下午
(1) 员工是否按要求穿戴防护用品										
(2) 员工是否遵守工作纪律										
(3) 员工是否经过岗位适应性培训										
(4) 机械操作员是否遵守操作规程										
(5) 机械危险部位是否有安全防护装置										
(6) 机械防护装置是否安全有效										
(7) 危险品是否远离火源										
(8) 电源线路、开关是否正常										
……										
说明：请根据检查情况在结果栏内打“√”或“×”，发现问题及时整改，做好记录，如一时无法整改，立即向部门主管报告，纳入问题库管控。										

二是注重危险源“两识别”。

危险源指一个系统中具有潜在能量和物质释放危险的、在一定的触发因素作用下可转化为事故的部位、区域、场所、空间、岗位、设备。它是可能导致伤害和健康损害、财产损失或其他损失的来源。如不对其进行防护或预防，可能会导致事故发生。

根据危险源在事故发生、发展中的作用，可分为第一类和第二类危险源。

第一类危险源是存在的、可能发生意外释放的能量或危险物质，是造成人体伤害的直接原因，本身就具有危险性，如带高压电的导体、场区内超速行驶的叉车。

第二类危险源是导致能量或危险物质的约束或限制措施破坏或失效的各种因素，包括人、物、环境三个方面的问题，如漏电的电器开关、失效的刹车片。

第一类危险源

猛兽越强壮、越饥饿，危险性越大，可能造成的伤害也越大。

第二类危险源

笼子不结实、没关牢，易发生伤害事故。

两类危险源控制方法：

第一类可采取消除危险源、限制能量和隔离危险物质、个体防护等方法。

第二类可通过提高各类设施的可靠性以消除或减少故障、增加安全系数、设置安全监控系统、改善作业环境、克服不良操作习惯、增强员工安全意识等。

（2）定期分析

总结一段时间来安全工作好的做法，为后期工作积累经验。

针对存在的问题组织分析，查找存在的原因。

制定针对性整改措施，落实责任人和整改期限。

对于暂时无法整改的问题，纳入安全隐患问题库。

如发生事故，必须坚持“四不放过”，即：事故原因不查清不放过，责任人员未处理不放过，整改措施未落实不放过，有关人员未受到教育不放过。

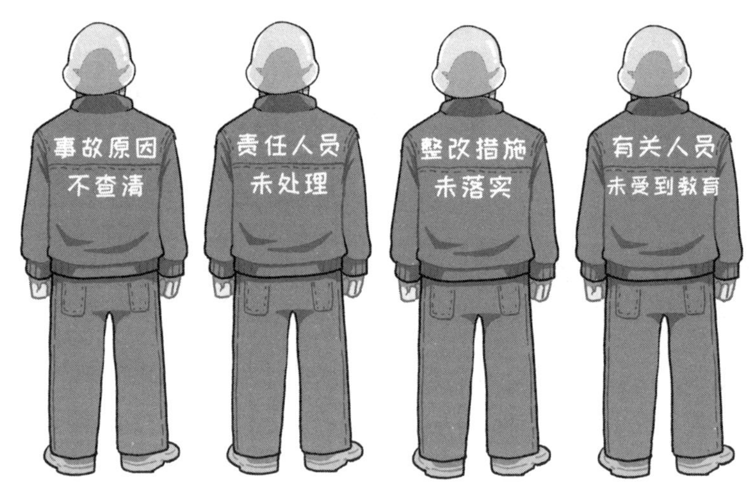

一个都不能放过

（3）年度评估

班组针对制定的年度安全目标，开展自我评估工作，可结合实际从以下几方面进行评估。

①年度安全目标是否实现；

②作业安全关键项点是否明确，控制措施是否有效；

③是否按规定执行各类设备巡视制度；

④劳动安全措施是否落实；

⑤安全隐患是否及时发现，是否制定措施进行盯控；

⑥问题库是否做到整改销号、闭环管理。

班组在安全管理过程中还要围绕“责任、非责任事故都要管、都要防”的新理念开展生产工作。

班组是安全之基、员工是安全之本、岗位是安全之源、现场是安全之实。

天下兴亡，匹夫有责；
安全生产，人人有责。

班组质量管理

质量是企业管理的生命，好的质量不仅要符合规范的要求，而且要满足顾客和相关方的要求，这就形成了当前的“大质量观”。

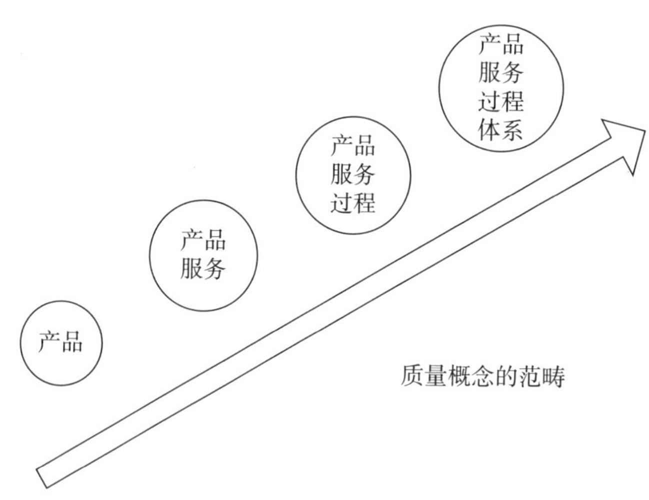

以制造业为例，一辆汽车从设计到出厂的过程是极其复杂的。汽车由钢铁、玻璃、橡胶等众多材料组成，应用到冲压、焊接、机械加工、涂装、总装等多种工艺。这一道道工序就需要由一个个班组来分别完成。

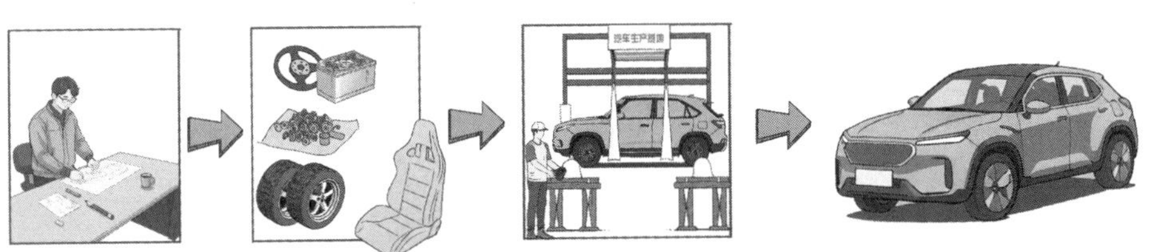

大家好，才是真的好！

质量管理：在质量方面指挥和控制组织的协调活动。

班组质量管理是班组员工在产品加工、装配、保管、运输、服务等过程中，对每个环节的质量工作进行计划、组织、协调、控制，目的是生产合格产品或提供优良服务，以满足市场和用户的需要。

我国早已有关于质量管理的记录。《礼记》中记载“五谷不时，果实未孰，不鬻于市”：在五谷与水果不成熟的时候，是不允许贩卖的，为的就是让高质量产品进入市场。

五谷不时,果实未孰,不鬻于市

朱兰博士把质量管理的三个普遍过程，即质量策划、质量控制和质量改进称为质量管理“三部曲”。

质量策划	质量控制	质量改进
质量策划明确了质量管理所要达到的目标以及实现这些目标的途径	质量控制确保了组织的活动按照策划的方式进行	质量改进通过运用多种手段和工具来达到新的更高的质量管理水平

朱兰博士认为“质量来源于顾客的需求，质量意味着免于不良，也就是没有造成返工、故障、顾客不满意和顾客投诉等现象”。

因此，班组质量管理要在产品的设计、制造、服务、管理质量及文化意识等方面下功夫。

班组作为企业产品的直接生产单位，是产品质量的直接监控者，其工作开展得好坏，直接影响到产品质量的优劣，而产品质量的优劣，又决定着企业的核心竞争力、经济效益、社会效益、长远发展。

1. 落实产品质量标准化

按照《中华人民共和国产品质量法》《中华人民共和国标准化法》等法律法规及企业的技术标准、工艺标准，结合本班组的实际，制定并贯彻执行各项管理和考核标准。

根据技术部门的要求，班组成员按照工艺、图纸及相关标准作业（岗前培训及现场指导）。

2. 把牢关键质量控制点

质量控制点主要根据产品质量特性的重要性和质量信息确定。一般来讲，凡属下述情况的均应列为质量控制点。

①对工艺有特殊要求的或重要的影响因素（如车身焊接）。

②对产品的适用性有严重影响的关键特性、部件（如安全气囊）。

③对下道工序有重大影响的质量特性、部件（如轮毂尺寸）。

④质量不稳定，经常出现不合格品的过程（如车身喷漆）。

⑤质量信息反馈、定期检查等发现存在较多不合格品的项目（如车载空调）。

⑥紧缺物资、可能对生产安排产生重大影响的关键项目（如控制芯片）。

安全出行　刹车要行

3. 全面实施“三检”制

①自检。班组员工对自己生产的产品或完成的工作任务进行检验，防止不合格品转入下道工序。

②互检。班组员工之间对所制产品、零件和完成的工作进行相互检验。

③专检。由专职人员运用专门检验技术、测试手段和装备进行的质量检验，包括但不限于全数检验、定量检验、巡回检验。

数智化时代，还可借助自动控制、大数据等方法进行质量控制。通过对数据的监测、读取、分析，来制定最佳过程或最佳工艺，提高良品率。在特定场所（如危险，恶劣环境），还可由人工智能（AI）来代替人员进行人工智能质量检测控制（目前已经在汽车、高端制造等行业应用）。

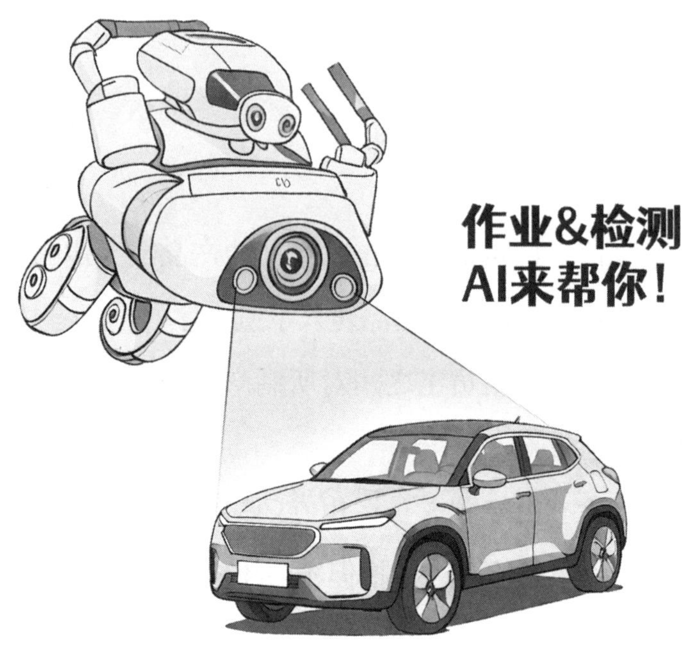

4. 严格执行“三三五”工作法

①三不：不接受不良品、不制造不良品、不传递不良品。

不接受不良品

不制造不良品

不传递不良品

健全产品质量责任制。健全的岗位质量责任制是维持与提高产品质量的可靠保证，在实践中必须严格执行。一般来讲，应做到奖优罚劣，要求班组所有成员实现对产品质量的自我检查、自我控制和自我保证，从而达到优质高产的目的。

古有城砖刻字留名

今有芯片扫码溯源

合理处置不合格品。由于操作不当、管制不足、质检不当等因素导致的不合格品，在收回验收时，班组员工应做好不合格品的标识（标志牌、标签、色标），并将其放置于隔离区域，经评审判定返工、返修、降级使用或报废处理。

②三分析：当出现了质量问题，应及时组织相关人员召开质量分析会，分析质量问题的危害性、产生问题的原因、拟采取的措施。

③五问：在班组质量管理中，可运用 5WHY 法分析产生质量问题的原因。

汽车配件生产线上的机器总是停转，虽然修过多次但仍不见好转。

你问	我答
为什么机器停了?	因为超过了负荷,保险丝就断了
为什么超负荷呢?	因为轴承的润滑不够
为什么润滑不够?	因为润滑泵吸不上油来
为什么吸不上油来?	因为油泵轴磨损、松动了
为什么磨损了呢?	因为没有安装过滤器,混进了铁屑等杂质

其真正的解决方法是在油泵轴上安装过滤器，而非更换保险丝草草了事。

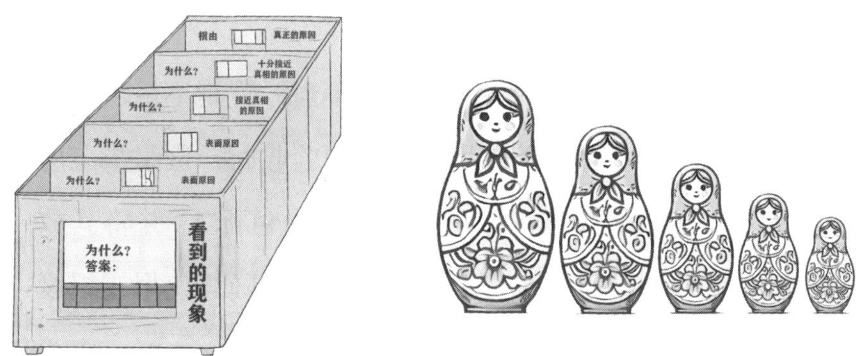

终于等到你，还好没放弃！

5. 抓好辅助生产过程

班组员工应与原材料、动力、工具供应及设备维修、物料运输等部门做好沟通协调，确保快速供应、及时维修、有序生产。

6. 坚持质量持续改进

产品质量是企业可持续发展的关键保障和品牌价值的体现。可通过问卷调查、用户访谈等多种方式收集顾客信息，进行质量跟踪和回访。

可运用卡诺模型分析用户对产品使用的需求，开展技术改进、升级等后续工作。同时制定相应的质量改进计划，以不断地提高产品质量。

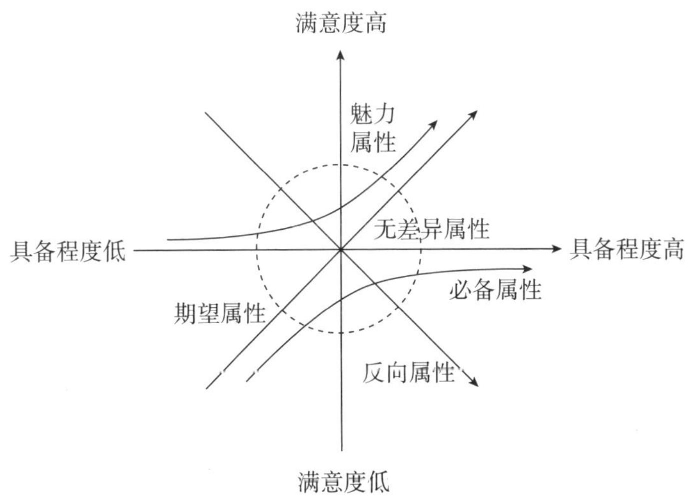

必备型需求：用户认为产品必须具备的属性。若未满足会导致强烈不满，但满足后仅达到基线满意度。

“理所当然应该有。”（如：刹车性能）

期望型需求：用户满意度与功能实现度呈线性关系的属性。得到满足或表现良好的话，用户满意度会显著增加。

“表现越好越满意！”（如：舒适座椅）

魅力型需求：不会被用户过分期望的属性。但一旦得到满足，即使表现并不完善，顾客满意度也会急剧上升。

“超出预期更 nice ～”（如：360° 全息影像）

无差异需求：不论提供与否，对用户满意度无显著影响的属性。是既不好也不坏的方面。

“影响不大不 care ～”（如：轮胎花纹）

反向型需求：会引起用户强烈不满的属性。提供后反而降低满意度。

“拿走拿走别客气！”（如：过度装饰）

7. 开展群众性质量提升活动

围绕质量问题或需求，由班组员工自愿组织，拟定问题解决型或创新型课题开展研究分析，制定解决措施，落实行动方案，自主开展质量管理小组活动、质量信得过班组建设、星级现场推进等。

8. 增强全员质量意识

将质量文化建设融入到班组生产经营管理中，形成人人重视质量、人人创造质量、人人享受质量的良好氛围。

（1）组织质量管理知识培训

在长期的质量管理实践中，已经积累、形成了许多有效的质量管理方法、工具，其中最为常用的有调查表、分层法、排列图、因果图、散布图、直方图、控制图等。

方法	说明
调查表	指利用专门设计的统计表对质量数据进行收集、整理和分析，找出质量波动规律性及影响质量因素的方法
分层法	指将收集的原始数据，根据不同的目的和要求，按某一性质进行分类，以研究影响质量因素的方法。例如先按五大要素（4M1E）进行分类，然后再细分
排列图	指寻找引起质量损失的少数缺陷规律，并绘制成图，以分析影响产品质量主次因素的方法
因果图	指对某个质量问题与影响质量的因素进行统计整理与分析，从大到小，逐层深入，找出其因果关系的方法
散布图	指用于显示影响质量两个因素之间关系的方法。主要的表现形式有正相关、负相关、非线性相关与不相关
直方图	指从总体中随机抽出样本，对样本获得的数据进行分组整理，绘制成频数分布直方图，用以预测质量好坏、估算不合格品率的方法
控制图	指对生产过程中的关键质量特性值进行测定、记录、评估，并监测过程是否处于控制状态的方法

班组员工可根据实际情况，熟悉和掌握其中的某项或多项，有助于提高质量策划、质量控制和质量改进的有效性。可参考《全面质量管理趣味书（工具方法篇）》。

（2）营造全员参与的质量氛围

以提高质量和效益为中心，通过挂画、条幅、质量征文活动及微电影、短视频、电子宣传册、沉浸式体验等方式，在班组内部牢固树立高质量发展的意识。

匠心传承　沉浸体验“临冲吕公车”复原

每月选出质量标杆和创新能手作经验分享，促进班组员工主动学习、思考、对标，提高班组整体质量意识。

班组质量管理要围绕高质量发展，不断满足顾客需求和期望，创造出更优质的新产品（服务），助力推动中国制造向中国创造转变、中国速度向中国质量转变、中国产品向中国品牌转变。

无人驾驶自己跑，
新能源跑进新时代

班组制度管理

没有规矩，不成方圆

“设绳墨而取曲直，立规矩以为方圆。”这里的规矩通常指的就是制度。“制度”一词，在中国历史上久已有之。《周易》中记载：“天地节，而四时成。节以制度，不伤财，不害民。”意思是天地有节制，四季才得以形成；君主以制度来节制，就能不浪费资财、不损害民众。

制度指人们为维护社会秩序、促进社会发展，经过长时间实践和总结，形成的一套规定社会生活各个方面的正式规范、程序和方法的体系。

中国古代政治制度有禅让制、世袭制、分封制、中央集权制、科举制度等。西方国家政治制度有民主制、共和制、君主制、议会制等。

现代化制度主要包括政治制度、经济制度、文化制度等，在现代化制度的建立过程中，需要充分考虑国情和民意，以实现制度的有效性和持续性。在一定程度上，古今之变就是制度之变。

现代企业制度是以市场经济为基础，以企业法人制度为主体，以公司制度为核心，以产权清晰、权责明确、政企分开、管理科学为特征的新型企业制度，包括企业产权制度、企业组织形式和经营管理制度等。

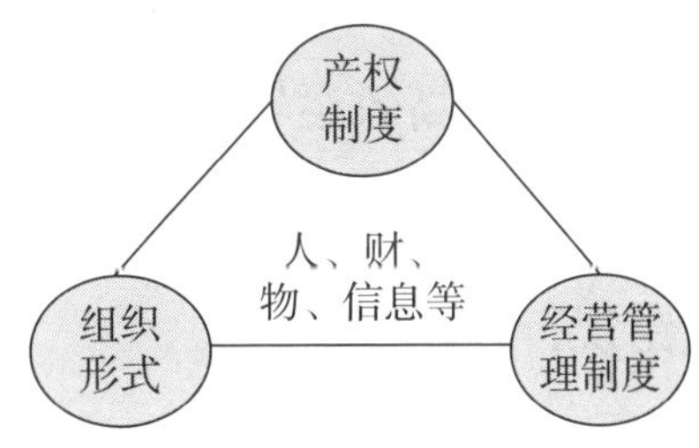

现代企业制度的基本内容和管理对象

班组制度是在班组内、外部环境的约束下，旨在规范班组内部生产、管理、标准化等方面的行为，保持班组的正常运转和可持续发展所包含的各类制度，班组制度应具备严肃性、规范性、指导性、可执行性等特征。

班组制度有助于提升班组自控力。

保安全。可有效降低安全风险，保障职工的生命和财产安全，增强职工的归属感和认同感。

提效率。可规范班组管理流程，为各项工作提供具体的标准和方法，确保班组高效运转。

控行为。可使职工遵循一致的行为准则，避免因个人决策或行为引发错误行径。

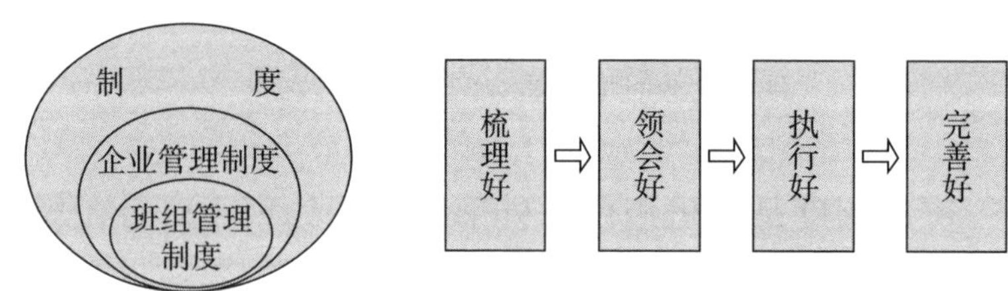

班组制度管理

班组制度管理是班组建设的有效抓手，在日常工作中，应重点把控“梳理好、领会好、执行好、完善好”四个环节。

①梳理好。建立班组有效制度目录清单，包含国家、行业、地方等法律法规和组织内部的管理制度，做到定期梳理、动态更新。如《中华人民共和国道路交通安全法》《××市道路交通管理条例》《××公共交通公司营运管理办法》和《××公共交通公司消防管理办法》等。

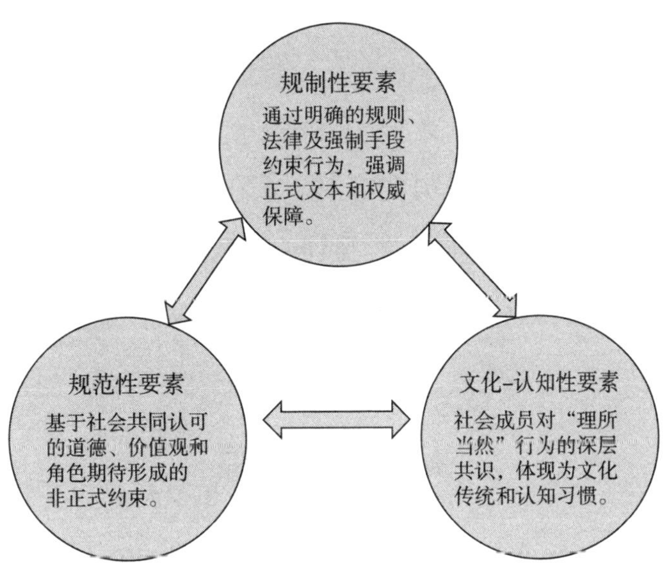

制度三要素

②领会好。加强制度培训，重在激发班组成员的积极性和自觉性，从制度的学习时间、学习内容、学习效果等方面明确考评规定，做到人人领会，知行合一。

安全确认制度

③执行好。“胜在制度赢在执行”，如果没有基层班组的规范执行，任何制度都是空中楼阁。制度执行必须严肃，只要是制度规定的，无论何时何地，做到一视同仁，令行禁止。不允许存在“特殊人”，切实践行“制度面前人人平等”；不允许存在“特殊事”，要将人情与管理分开。

制度面前　人人平等

④完善好。为满足标准化、个性化需求，在制度的执行过程中，班组可着重发现制度“不合理、不适用”等问题，做到因时制宜、因地制宜，实现“用制度管人，用流程管事，用文化管心”。

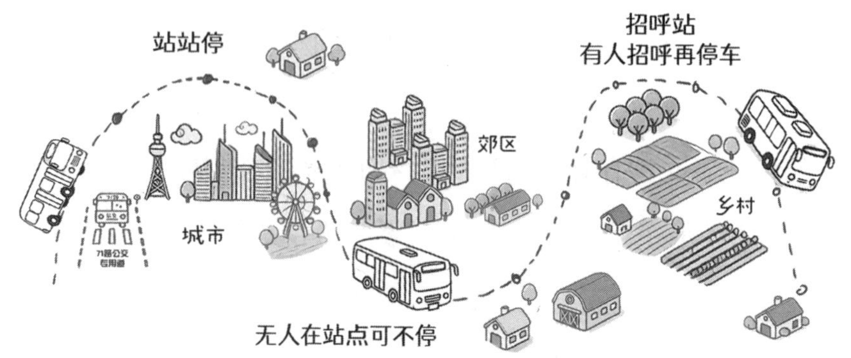

因时制宜　因地制宜

×× 班组有效制度清单

序号	制度类别	制度名称	文号	发文日期
1	岗位责任制	如公交车驾驶员岗位职责、安全检查员岗位职责	……	……
2	设备、工具、材料、备品等管理制度	如公交车例行保养制度	……	……
3	安全生产和质量分析制度	如安全服务制度，班前预想、班后总结和交接班制度，安全岗位风险卡控措施等	……	……
4	考勤、零星假、奖励考核制度	如公交车工班运营管理考核制度	……	……
5	安全教育、政治业务学习和文化建设制度	如月度安全培训制度，驾驶员着装规范等	……	……
6	民主管理制度	如厂务公开、职工代表大会制度等	……	……
7	其他（根据班组特色增加的制度）	如银发人士乘车服务等	……	……

App在手　什么都有

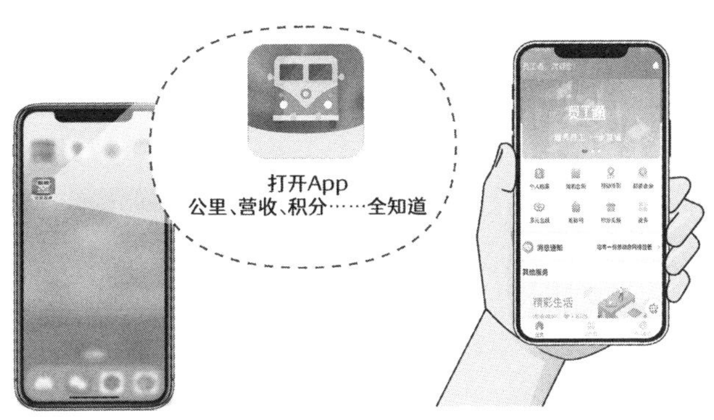

中国式现代化必须坚持道路自信、理论自信、制度自信、文化自信。随着社会的发展，未来技术的进步，企业制度面临新的变革，班组制度管理任重道远，更需要创新思维、整合资源，以便提升班组管理的自主性。

古有孔融“让梨”　　今有公交“礼让”

第六章 班组生产管理

战国时期，蜀地郡守李冰十分注重实地考察，在总结前人治水经验的基础上，精心设计都江堰水利枢纽工程，并科学组织建成了这项伟大的“生态工程”，至今仍发挥着防洪、灌溉等重要作用。

都江堰水利工程的建造总体上可分为开凿玉垒山（引水）、修筑鱼嘴（分洪）、修筑飞沙堰（溢洪清淤）三个步骤。组织建造都江堰是中国历史上生产管理的经典案例。

生产：以一定生产关系联系起来的人们，利用生产工具改变劳动对象以适合自己需要的过程，是人类社会存在和发展的基础，包括生产力和生产关系两个方面。

生产管理：计划、组织、协调和控制生产过程的综合管理活动。

班组生产管理是通过合理组织生产过程，有效利用生产资源，经济合理地进行生产活动，以达到预期的生产目标。

1939年，英国曼彻斯特大学教授布莱克特团队提出运筹学（Operations Research）理论，它把科学原理、方法和工具应用于生产管理各环节，运用数学建模、计算、求解，使资源投入产出最经济。

班组生产管理应坚持目标导向，加强过程控制，可运用PDCA循环、系统思维、目标管理和运筹管理等方法。

当班组按照PDCA循环进行生产管理，应力求做到任务目标化、目标清单化、清单责任化、责任实效化。

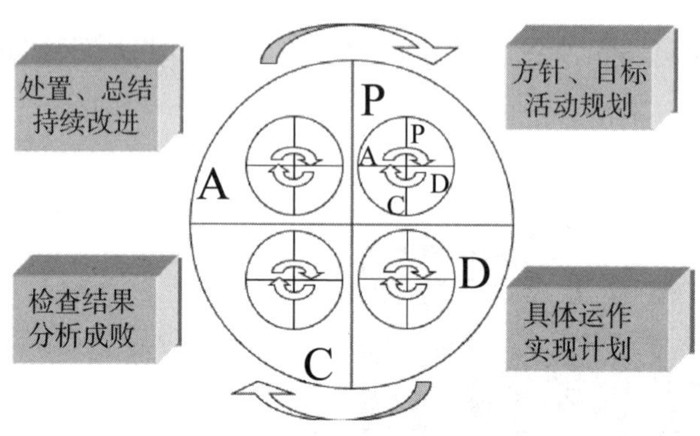

PDCA 模型

1. 定计划

班组将生产目标细化分解，明确生产方案、责任人、完成时限、验收标准，形成清晰的“作战图”。制定计划常用的工具可参阅《全面质量管理趣味书》（工具方法篇）中的箭条图、流程图等。

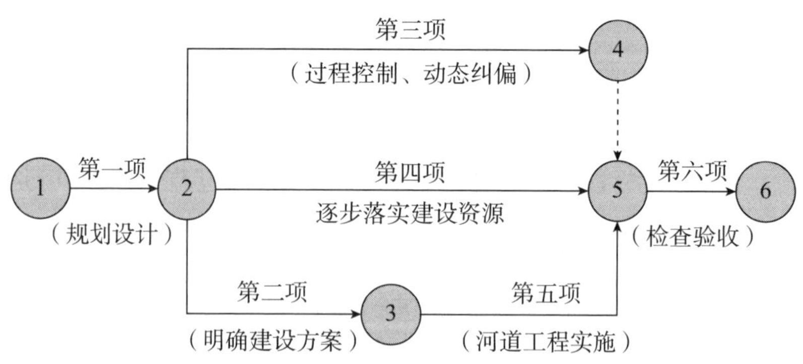

具体任务安排可采用四象限法，以便班组确定任务实施的优先顺序，使班组集中精力抓重点，做到未雨绸缪。

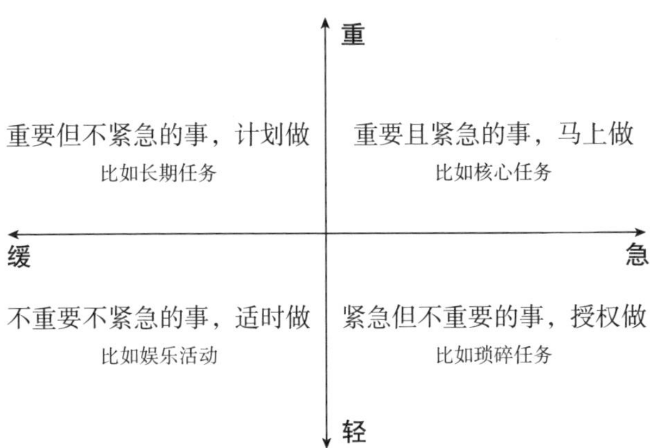

对确有特殊情况未按期完成的计划，班组长应及时按规定做好计划变更；对临时取消或增加的任务，班组长在编制计划时应有相应的预见和生产能力预留，实现柔性、均衡生产。

2. 抓落实

班组根据生产计划布置任务、加强监控、动态调整，通过科学调配资源实现均衡有序生产，提供符合标准且让顾客满意的产品（服务）。

①布置任务。明确每个作业小组的具体项点、安全风险、技术要领和完成时间等。

②加强监控。对照阶段性目标实施监视、测量，掌握生产动态。

③动态调整。关注生产过程中的突发情况，根据应急预案及时采取对策。

抓落实阶段常用的工具有香蕉曲线图、PDPC 法等。如运用香蕉曲线图可根据产值与时间的关系，实时调整生产进度，做到快则慢之，慢则快之。

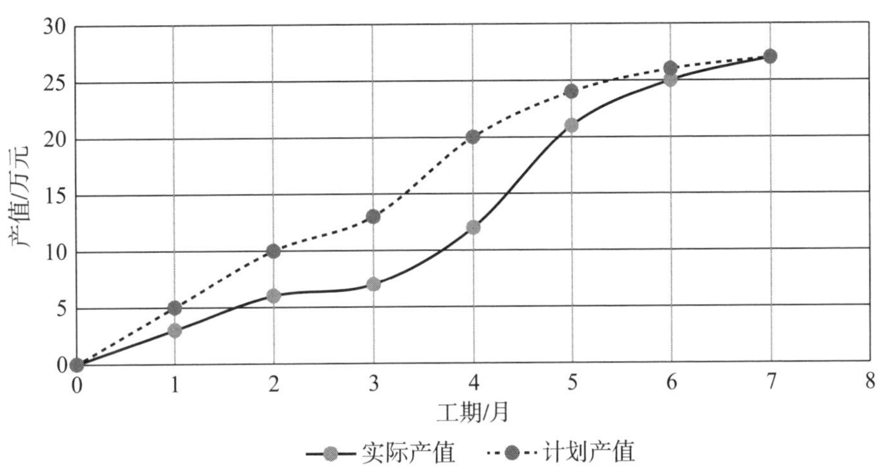

工程产值香蕉曲线图

3. 勤检查

班组检查根据侧重点不同有安全检查、质量检查、进度检查、成本检查等专项检查或综合检查。

班组检查要发现哪些环节符合标准、哪些环节不符合标准；对不符合标准的过程要及时采取整改措施，整改完成后再次复查，直至合格。

班组检查要根据计划安排、有所侧重，精准实施、动态纠偏，减少损失。检查的频次和方式要以不影响正常生产为前提。

检查分析的方法有直方图法、实测法、比较法等。如符合正态分布的直方图则说明班组某工序运行正常，产品质量处于较为稳定状态。

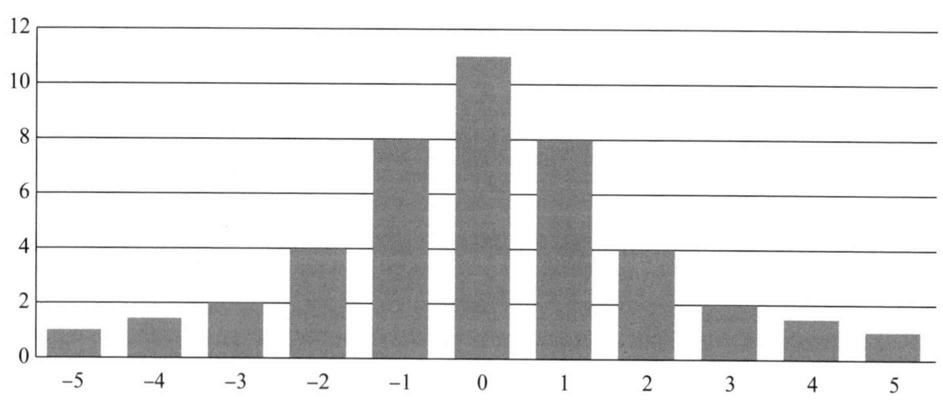

4. 会处置

处置是对生产全过程实行全面控制，实现生产计划、提高产品质量、降低生产消耗和产品成本的重要手段。

对生产过程中成功的经验加以肯定，并予以标准化，常用的工具有流程图，如某河道钢筋隐蔽工程验收流程图。

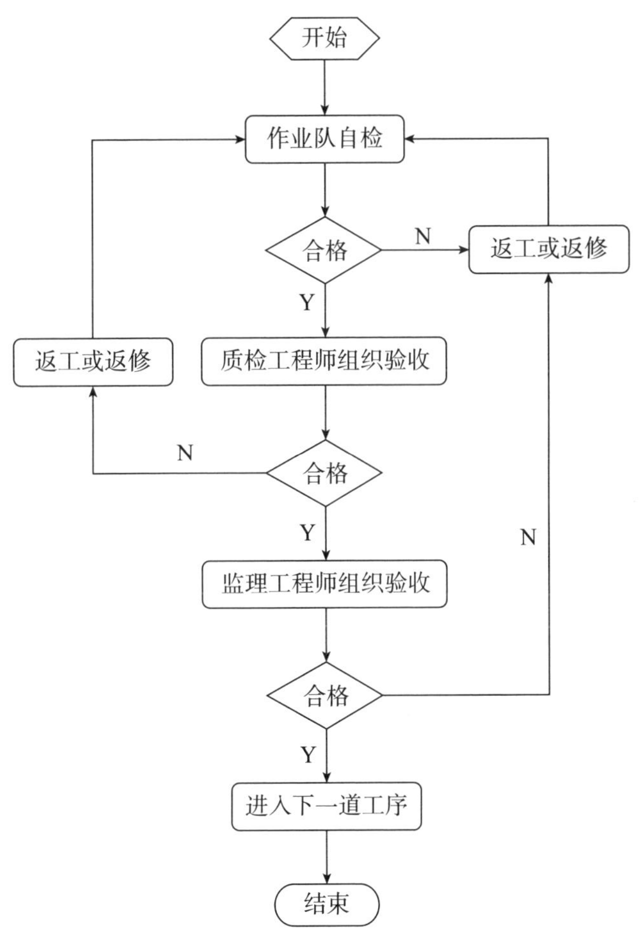

对于失败的教训要认真总结、分析原因、果断纠偏，常用的工具有鱼刺图、关联图等；如用鱼刺图可帮助班组分析导致问题或缺陷发生的原因。

对生产管理中的遗留问题，应提交到下一个 PDCA 循环中去解决。

班组在生产管理过程中还可推行“6S”管理方法，它对班组成员的日常行为提出具体要求，倡导从小事做起，培养“事事有标准”的好习惯，以达到提高整体工作质量的目的。

PDCA 循环和“6S”管理都是生产管理的基础，精益生产是当下生产管理的高级阶段。精益生产就是最大限度地细化工作流程、消除一切非增值活动，向顾客提供价值更高、质量更优的产品（服务）。

精益生产有两大特征：一是准时生产，二是全员积极参与改善。它与普通生产的区别可用下表来反映。

生产方式	特点	不利因素	结果
普通生产	员工只对自己负责的工序负责，工位是固定的	某工序工作量减少时员工无事可做	人等料、生产效率低
		某工序工作量增加时员工忙不过来	料等人，生产周期长，过量生产、库存大
精益生产	一个团队负责一个单元（多道工序）。人等料时，该员工参与其他工序；料等人时，其他员工参与支援	对班组成员的知识和职业素养要求较高，短时间难以达成	人等料、料等人的现象大幅减少

成功实施精益生产的关键要素如下：

①坚持不懈学知识。（活到老、学到老）

②全员参与全过程。（想干事、干成事）

③准时生产零库存。（不断供、不积压）

④持续改进零浪费。（小步走、不停步）

未来班组生产管理将在精益生产的基础上更加智能化、高效化、精准化。随着人工智能、物联网、数字孪生等技术的不断发展进步，越来越多的班组都会出现减人化，甚至无人工厂，班组的生产管理将会是另外一种全新的模式。

安全
优质
和谐
美丽
轻轻的，我走了……

班组人力资源管理

穿越时空的对话

楚汉相争之初，项羽曾号令天下，威震一时，然而，由于他“于人之功无所记，于人之罪无所忘，战胜而不得其赏，拔城而不得其封”，“虽有奇士不能用”。所以陈平、韩信等部下相继离开了他。

人力资源（Human Resources，HR）是一定时期内组织中的人所拥有的能够被组织所用，且对价值创造起贡献作用的教育、能力、技能、经验、体力等的总称。

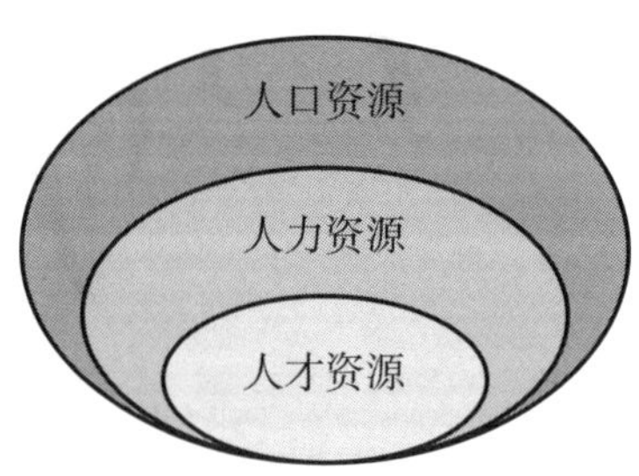

人力资源管理（Human Resource Management，HRM）指通过招聘、甄选、培训、报酬等管理形式，对组织内外

相关人力资源进行有效运用，满足组织当前及未来发展的需要，保证组织目标实现与成员发展的最优化的一系列活动的总称。

班组人力资源管理是指在班组人力资源方面计划、组织、协调、控制的活动，即班组运用科学的方法，协调人与人、人与事的关系，充分发挥人的潜能，使人尽其才、事得其人、人事相宜，以实现组织目标的过程。

在组织管理过程中，班组承担着重要的生产与协调任务，人力资源管理则是保证班组运转良好的关键环节。在班组管理中，始终把人的管理放在第一位！

人力资源管理哪家强，标杆班组做榜样！

南风法则：也称温暖法则。班组长要尊重和关怀职工，尽量帮助职工解决困难，让职工感受到温暖。

鲶鱼法则：也称搭配法则。可将不同性别、年龄、性格、知识结构的职工进行优化组合，以产生“1+1 > 2”的组织活力。

刺猬法则：也称距离法则。“亲密有间”的管理才是管人的最佳位置策略。

“以人为本”一词最早出现在中国春秋时期齐国名相管仲的《管子》中，书中说：“夫霸王之所始也，以人为本。本治则国固，本乱则国危。”

美国心理学家亚伯拉罕·马斯洛从人类动机的角度提出需求层次理论，该理论强调人的动机是由人的需求决定的。

班组应考虑员工不同层次的合理需求及特殊需求，以促使班组员工持续地、积极地工作，创造价值、自我实现。

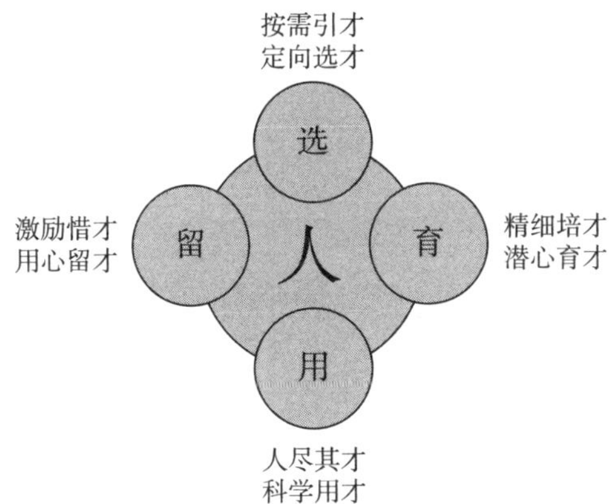

在班组人力资源管理的实践中，把握班组人力资源需求分析、人员配置、人员素质提升、绩效管理、薪酬与福利管理、员工关系管理这六项重点职能，就抓住了班组人力资源管理的本质和主流。

序号	组织人力资源管理	班组人力资源管理
1	人力资源规划	班组人力资源需求分析
2	招聘与配置	班组人员配置
3	培训与开发	班组人员素质提升
4	绩效管理	班组绩效管理
5	薪酬与福利管理	班组薪酬与福利管理
6	员工关系管理	班组员工关系管理

1. 班组人力资源需求分析

①根据班组工作目标和任务，评估所需的人力资源数量、质量和技能。

②分析班组成员的现有能力和水平，确定人员缺口和需要提升的领域。

③考虑外部环境因素，如行业动态、技术发展等，预测未来人力资源需求。

2. 班组人员配置

①按需配置。根据班组的工作需求，合理安排班组成员的数量和技能，以满足生产经营需要。

②结构合理。注重班组成员的年龄、性别、学历、技能等方面的搭配，以实现优势互补。

③动态调整。根据班组生产任务等变化，灵活调配班组成员，以确保高效运转。

3. 班组人员素质提升

①班组文化铸魂。班组应正确引导员工认同并实践组织的使命、愿景和价值观，构建健康向上、富有特色的班组文化。

②职业规划育人。班组应注重员工的职业规划和发展，可建立班组人才储备库和人才梯队，提供更好的资源和更多的晋升机会，促进员工价值发挥。

③教育培训赋能。班组应针对顾客关键需求，做好员工能力评估，构建和完善“共性 + 个性”的培训计划，围

绕安全、质量、管理、技能等重点实施培训，提高班组成员的业务能力和综合素质，及时评估培训效果并持续改进，可采用“九字箴言”。

“讲授训”，综合素质提升；“考测评”，实战能力提升；“亮晒比”，精神状态提升。

4. 班组绩效管理

班组要以工作目标为导向，以工作标准为依据，对员工行为及其结果进行综合评价，奖优罚劣，做到“三公、一透明、两激励”（公正公平公开、全过程透明、正负双向激励）。

班组可结合实际，运用平衡计分卡（Balanced Score Card，BSC）、目标管理法（Management by Objectives）、关键绩效指标（Key Performance Indicator）等方法进行绩效评价，以充分调动员工的积极性。

平衡计分卡（BSC）是常见的绩效考核方式之一，从财务、客户、内部运营、学习与成长四个维度，将组织的战略落实为可操作的衡量指标和目标值的一种绩效管理体系。

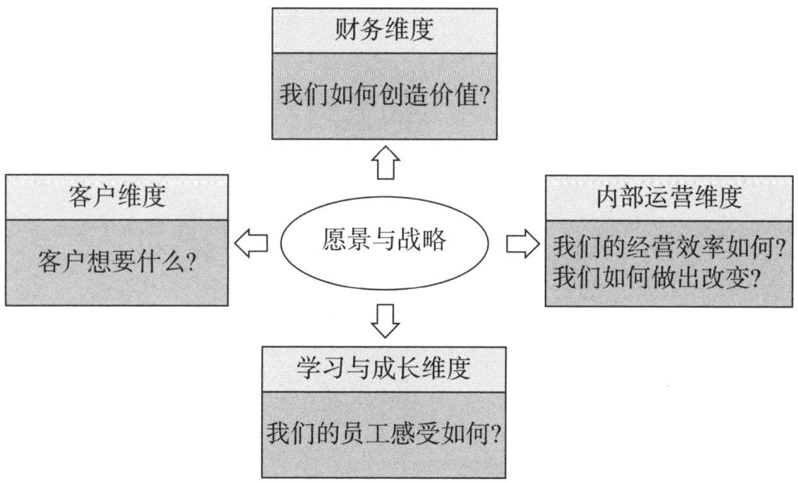

5. 班组薪酬与福利管理

班组应据实做好考勤、计件等数据的收集、汇总和上报，将薪酬与绩效挂钩，激发员工的执行力和创新力；应确保员工及时享受各类津贴补贴、健康体检等福利待遇，传递组织关爱，提升员工获得感、幸福感。

“薪”呼唤 “心”相伴

6. 班组员工关系管理

①民主管理齐参与。推行主人翁管理，让班组决策更加科学、民主。

②有效沟通畅胸怀。班组应建立开放和通畅的沟通渠道，倾听各方心声，做到因人、因时、因事有效沟通。

沟通方向	关键点	方法	注意事项
向上沟通	有胆有谋	目标导向 尊重权威 清晰汇报	避免越级汇报 避免推卸责任 避免报喜不报忧
平级沟通	互利共赢	协作共赢 相互尊重 主动配合	避免本位主义 避免互相推诿 避免信息壁垒
向下沟通	用心用情	明确指令 支持指导 尊重个体	避免模糊不清 避免情绪化管理 避免只批评不指导

无效沟通

③管好情绪促和谐。鼓励正面情绪，疏导负面情绪，有效的情绪管理能够改善团队合作，鼓舞员工士气，提升工作效率。

情绪管理四步走：

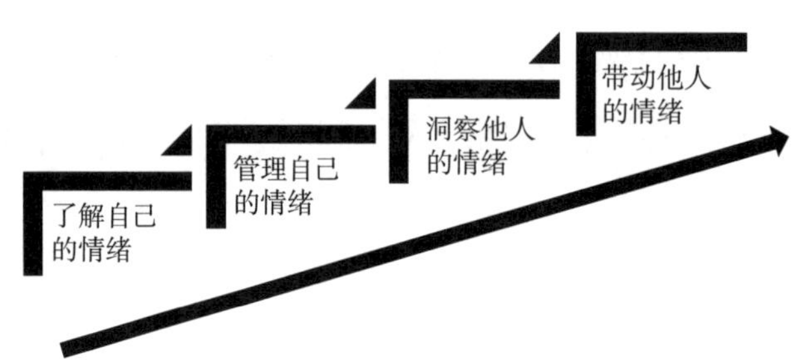

④班组团建促发展。定期组织开展各类文体活动，丰富员工生活，实现劳逸结合，增强班组凝聚力。

未来，班组人力资源管理需要更加注重战略承接和员工价值提升，实现人与自然、人与社会的和谐发展。

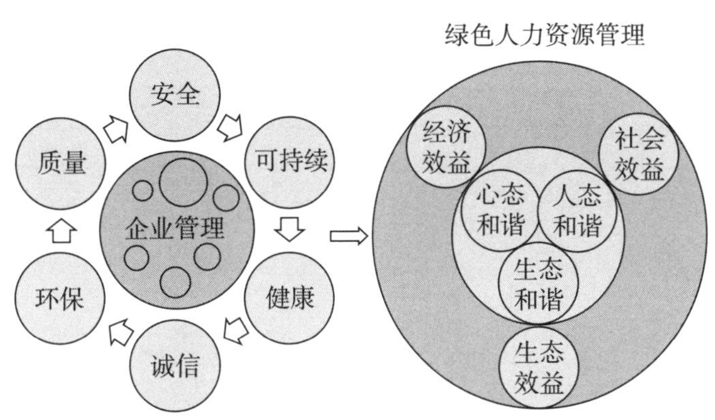

江东子弟多才俊，卷土重来未可知。

项羽开火锅店，让火锅火火火

第八章 班组设备管理

你用电，我用心！

设备：企业进行生产活动的物资技术基础，是人们在生产经营活动过程中所使用的各种机械和装置的总称。

设备管理是以设备为研究对象，追求设备综合效率，应用科学的理论方法，采取技术、经济、组织等多方面措施和手段，对设备物质运动和价值运动进行全过程管理。

设备的一生

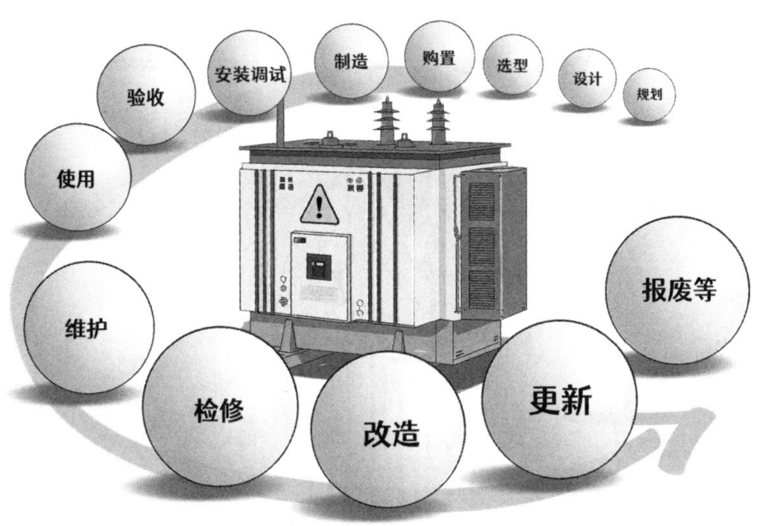

班组设备管理是以设备全生命周期管理为核心，全员参与，做到会使用、会维护、会检修，保障设备正常运转、维持稳定运行，从而保证质量安全、降低资源消耗、提高劳动生产效率。

丰田公司在推行精益生产的过程中，发现传统的设备管理大多是事后维修，生产人员较少关注设备保养，出现故障后依赖设备部门进行维修，从而提出全员生产维护（Total Productive Maintenance，TPM）的设备管理理论。

传统的反应式维护

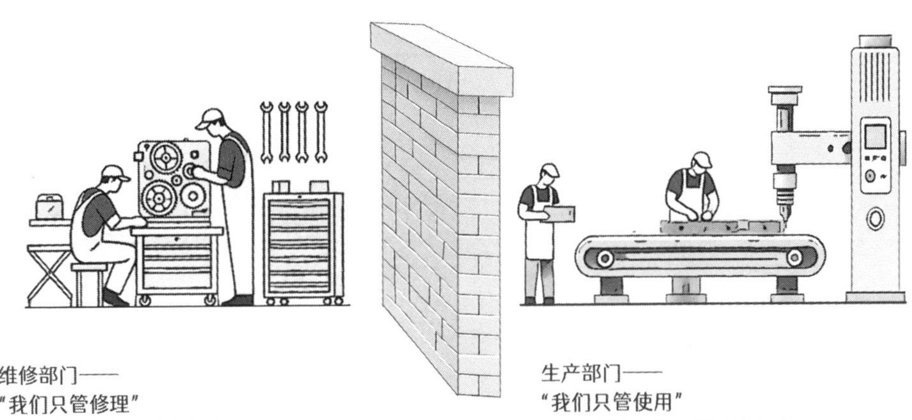

维修部门——
“我们只管修理”
· 执行所有的维修作业；
· 往往是一旦设备发生故障充当救火员的角色；
· 负责定购和保管所有的工具、备件等物资；
· 实施定期检修。

生产部门——
“我们只管使用”
· 通常不作任何维护活动；
· 一旦设备出现故障就与维修部门联系；
· 维修作业中只能停工；
· 一直用到坏了为止。

TPM 是以提高设备综合效率为目标，以全系统的预防维修为过程，全体人员参与为基础的设备保养和维修管理体系。TPM 强调因人和设备的体质改善而驱动企业的体质改善。

企业的体质改善

人的体质改善

①各个部门共同推行；
②涉及每个员工，从最高管理者到现场一线员工；
③自主的小组活动来推进。

设备的体质改善

①设备综合效率最大化的目标；
②建立设备预防维修体制。

班组设备管理包括设备分类、设备使用、设备点检、设备维护保养、工器具管理、特种设备管理等。

1. 班组设备分类

班组根据设备的安全性、重要性、经济性、可替代性等要求，结合实际进行分类（A、B、C 三类）和建档管理。

A 类设备：对生产过程具有重大影响的设备，如发电机、变压器等。

B 类设备：对生产过程具有一定影响的设备，如输电线路、电力电缆等。

C 类设备：对生产过程影响较小的设备，如熔断器、控制开关等。

A 类、B 类设备应严格执行预防维修，C 类设备可以实行事后维修。

2. 班组设备使用

正确、合理使用设备能有效延长设备使用寿命，降低维修成本，避免故障发生，确保安全生产。班组设备使用应做到：

巧配置，善安排。根据设备的原理、性能、使用范围和工作条件，合理安排生产任务和设备的工作负荷，保持设备高效利用。

守规章，严操作。学习掌握设备的技术要求、使用特性等，做到遵章守纪、按标作业。

勤检查，除隐患。在设备的日常使用过程中，应加大巡查力度，及时将隐患和不良反应消灭在萌芽状态。

班组设备的使用还需掌握“三好、四会、五纪律”。

三好、四会、五纪律	
三好	管好、用好、修好
四会	会使用、会保养、会检查、会排除故障
五纪律	实行定人定机，凭证操作 保持设备整洁，定期保养 遵守操作规程，按标作业 管好工具备品，整齐有序 面对突发异常，停机检查

3. 班组设备点检

点检应由专人负责，按照周期和标准，利用“五感”（视觉、听觉、触觉、嗅觉、味觉）和仪器仪表对设备进行检查，及时发现异常、积极采取对策。

岗位点检	
按照人员分类	本岗位点检
	岗位间的交叉式点检
按照作业时间分类	作业前点检
	作业后点检

本岗位点检是预防设备故障的第一道防线，设备操作人员可采用望闻问切“四诊点检法”。

“望”：观察设备是否有异状。

“闻”：闻现场是否有异味、异响。

“问”：询问设备是否有异常。

“切”：采用适宜的仪器仪表来判断设备是否正常。

中医四诊法

要想设备运行好，
点检工作少不了；
利用五感和工具，
快快来把故障找！

4. 班组设备维护保养

设备在长期使用过程中，会产生机械磨损和技术性能变差，甚至故障。做好设备的维护和保养工作可减少停工损失和维修费用，提高生产效率。

设备的不良反应70%以上来自保养不当

根据设备维护保养工作量的大小和维护广度、深度，维护保养工作通常划分为日常保养和一级、二级、三级保养（其中一级保养相当于小修，二级保养相当于中修，三级保养相当于大修）。

保养级别	保养时间	保养内容	责任人
日常保养	每日班前、班后	擦拭外表、检查松动、紧固螺丝等	设备操作人员
一级保养	设备累计运转500h进行一次保养，保养停机时间约8h	局部拆卸、减少磨损、润滑调整等	设备操作人员为主，专职维修人员协助

续表

保养级别	保养时间	保养内容	责任人
二级保养	设备累计运转 2500h 可进行一次保养，保养停机时间约 32h	解体检查、更换零件、校准精度等	专职维修人员为主，设备操作人员协助
三级保养	半年以上进行一次保养（按三班制计算）	专职保养、修复磨损、恢复精度等	专职维修人员

5. 班组工器具管理

目前，班组工器具管理中常见的问题有：存放凌乱，难查找；取用容易，归还难；损坏严重，缺保养。

(1)规范使用工器具

班组工器具使用应满足相应的工作环境和条件，在其强度、性能允许的范围内使用，做好“四定、五不”。

四定、五不		
四定	定编号	给每一种工器具确定唯一的名称或编号，让班组内所有人都能生成唯一性对应概念
	定位置	确定工器具的具体存放位置，并在摆放区域粘贴标签和定置摆放图，表明存放工器具的名称、编号等基本信息
	定标准	工器具使用前，认真检查外观、组件、附件、关键部位和试验标签等，确认符合安全规定。禁止使用逾期未检验或安全、质量存在问题的工器具
	定容量	确定每一种工器具的储备量，设定如果数量减少到一定程度就申报采购补充
五不	开机不离人	
	精具不粗用	
	不带病工作	
	不违反操作规程	
	不在仪器上堆放其他物品	

(2)做好工器具的清点和校验

工器具的清点要做到每天一检、每周一核，以保证工器具账物一致，性能良好；并按规定采取防尘、防潮、防腐、防老化等保护措施。不同类型的班组可结合实际明确清点频次。

仪器仪表应按标准自检、校准、送检，确保处于良好技术状态。

（3）做好工器具的修复和报废

在工器具的使用寿命周期内，做到应修尽修。当确因超出使用寿命、严重损坏且无法修复时，班组应向上级部门申请报废处理，报废后的工器具由主管部门统一处置。

6. 班组特种设备管理

特种设备是指涉及生命安全、危险性较大的锅炉、压力容器（含气瓶）、压力管道、电梯、起重机械、客运索道、大型游乐设施和场（厂）内专用机动车辆。

特种设备在投入使用前或投入使用后 30 日内，使用单位应向负责特种设备安全监督管理的部门办理使用登记，并取得使用登记证书。登记标志应置于该设备的显著位置。

使用登记证

班组特种设备管理应做到“三落实、两证齐、一检验”。

三落实、两证齐、一检验	
三落实	要落实管理机构和责任人； 要落实岗位责任制和各项管理制度； 要落实操作规程
两证齐	特种设备要有注册登记证； 管理人员与操作人员要取得相应资格证
一检验	在检验有效期届满前 1 个月主动申报定期检验

随着信息化、数字化、智能化等手段不断发展，现代化班组设备管理可综合运用无线射频识别（RFID）、生物识别、物联网、大数据等先进技术，实现班组设备信息实时共享、预测预判，为班组设备管理赋能赋智。

班组应急管理

城门失火　殃及池鱼

应急：应对突然发生的需要紧急处理的事件。其中包含两层含义：客观上，事件是突然发生的；主观上，需要紧急处理这种事件。

应急管理是政府及其他公共机构在突发事件的事前预防、事发应对、事中处置和善后管理过程中，通过建立必要的应对机制，采取一系列必要措施，应用科学、技术、规划与管理等手段，保障公众生命、财产安全，促进社会和谐健康发展的有关活动。

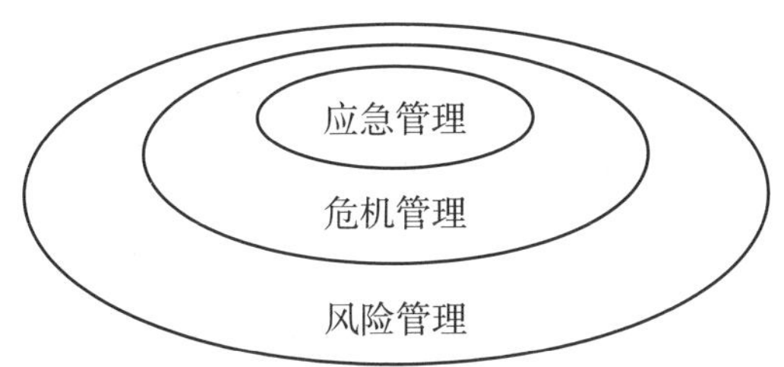

应急管理与危机管理、风险管理三者之间的关系

班组应急管理是指在工作场所中，针对紧急情况或潜在危险，实施的一系列预防、准备、响应、恢复的策略和措施，从而保障安全、减少损失并维持或快速恢复生产活动。

《周易》中有“安而不忘危，存而不忘亡，治而不忘乱”的名言；春秋《左传》中有“居安思危，思则有备，有备无患”的警句;《诗经》里有“未雨绸缪”的告诫。

危险预知训练（ Kiken Yochi Training，KYT）是针对生产的特点和作业工艺的全过程，以其危险性为对象，以作业班组为基本组织形式而开展的一项安全教育和训练活动，它是一种全员性的“自我管理”活动，目的是控制作业过程中的危险，预测和预防可能发生的事故。

在我国，应急管理工作内容概括起来叫做“一案三制”：应急预案，应急管理的体制、应急管理的机制、应急管理的法制。遵循“安全第一、预防为主、综合治理”的方针，坚持以防御和救援相结合的原则。统一领导、分工负责、加强联动、快速响应，最大限度地减少突发事件造成的损失。

班组应急管理主要包括：增强应急管理意识，完善应急预案，做好应急准备、应急响应、应急恢复。

1. 增强应急管理意识

应急管理要“以不变应万变”。“不变”不是静止，而是指要保持先进应急思维、锻造应急机制、做足应急措施、强化应急储备，随时有能力应对和处置“万变”的灾害。

班组要准确辨识危险源及其危害。

对建筑物、设备危害程度的预测：汽油、柴油一旦着火，有爆炸的特点，可能对建筑物、设备有较大的破坏力。

对人员危害程度的预测：一旦发生泄漏或爆炸，会导致人员中毒、烧伤及生命危险。

班组成员要掌握好“1234”法则。

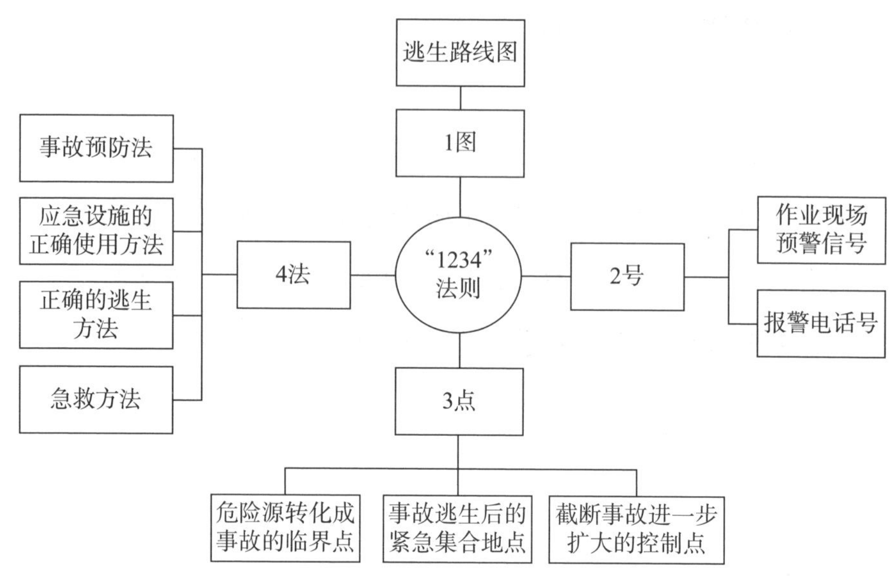

2. 完善应急预案

应急预案指针对可能发生的各类突发事件，为迅速、有序地开展应急行动而预先制定的行动方案。

（1）应急预案要求

①明确应急组织机构和职责；

②规范应急响应程序和措施；

③提高应急响应效率和质量；

④降低突发事件不良后果。

（2）应急预案分类

应急预案包括综合应急预案、专项应急预案和现场处置方案。

①综合应急预案是指企业为应对各种生产安全事故而制定的综合性工作方案，是企业应对生产安全事故的总体工作程序、措施和应急预案体系的总纲。

②专项应急预案是指企业为应对某一种或者多种类型生产安全事故，或者针对重要生产设施、重大危险源、重大活动防止生产安全事故而制定的专项性工作方案。

③现场处置方案是针对具体的装置、场所或设施、岗位所制定的应急处置措施，方案应根据风险评估及危险性控制措施逐一编制。班组要重点学习综合应急预案、专项应急预案，制定并落实现场处置方案。

（3）现场处置方案的编制

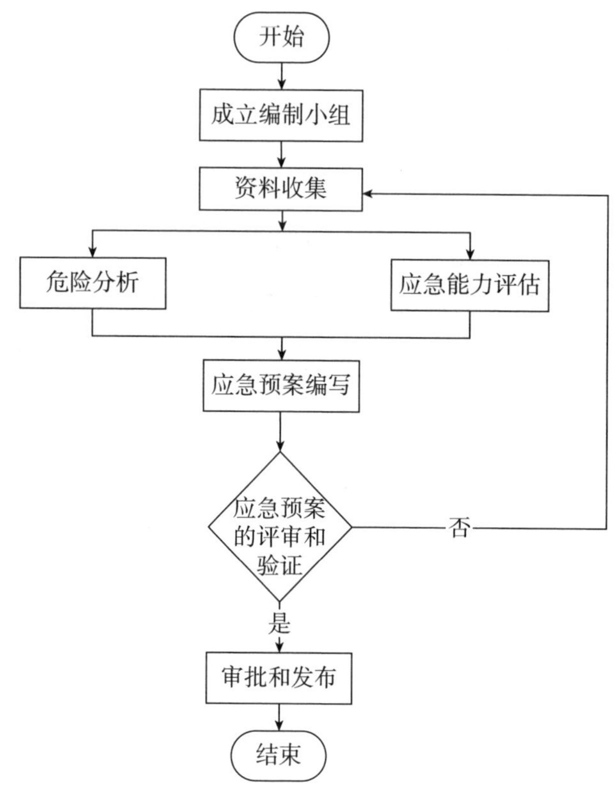

（4）班组应急演练

班组开展应急演练是为了让班组成员清楚本班组存在的危险源及事故的预防措施、事故初期的事态控制措施以及自救互救、逃生的方法。

按组织方式分类：

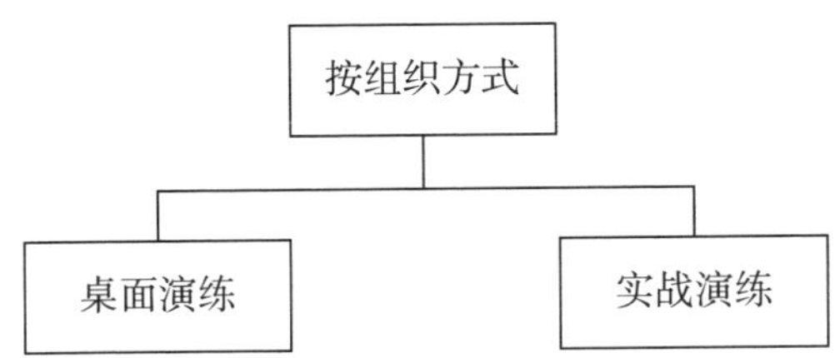

桌面演练：是一种圆桌讨论或者演习活动，针对事故情景，利用图纸、沙盘、视频等辅助手段，依据应急预案而进行交互式讨论或模拟应急状态下应急行动的演练活动。

应急演练大讨论

实战演练：选择（或模拟）生产经营活动中的设备、设施、装置或场所，设定事故情景，依据应急预案而模拟开展的演练活动。如：油料泄漏应急演练、消防应急演练、地震应急演练等。

按演练内容分类：

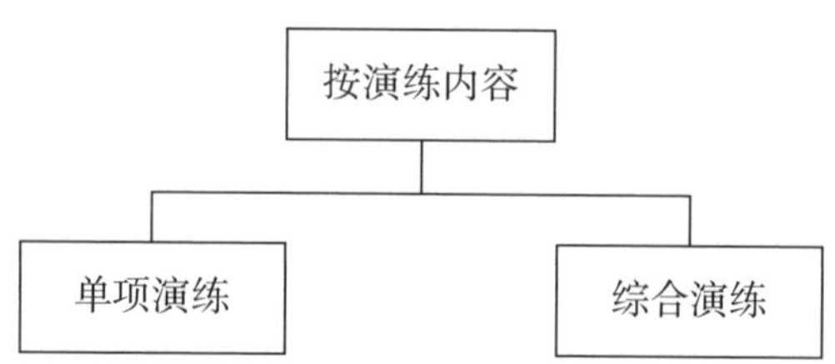

单项演练：只涉及应急预案中特定应急响应功能或现场处置方案中一系列应急响应功能的演练活动，注重针对一个或少数几个参与岗位的特定环节和功能进行检验。

综合演练：涉及应急预案中多项或全部应急响应功能的演练活动，注重对多个环节和功能进行检验，特别是对班组之间应急机制和联合应对能力的检验。

长一分应急能力 增十分幸福安康

（5）应急演练评估

在演练现场，评估人员或班组长对演练中发现的问题、存在的不足及取得的成效进行点评。演练结束后，对演练全过程进行总结，并形成书面总结报告，持续改进应急预案。

3. 做好应急准备

（1）建立专业的应急管理团队

组建团队：选拔具有应急管理经验和专业知识的人员组成应急管理团队。

明确分工：明确应急管理团队成员的职责分工，确保在突发事件发生时能够迅速响应、有序协作。

提升能力：定期组织应急管理和救援技能培训，提高班组成员的应急响应能力和专业素养。

如班组消防管理中，做到四懂四会四个能力。

四懂四会四个能力	
四懂	1. 懂火灾的危害性
	2. 懂预防火灾的措施
	3. 懂灭火器的使用方法
	4. 懂逃生方法
四会	1. 会报火警
	2. 会使用消防器材
	3. 会扑救初起火灾
	4. 会组织人员逃生
四个能力	1. 提高检查消除火灾隐患的能力
	2. 提高组织扑救初起火灾的能力
	3. 提高组织人员疏散逃生的能力
	4. 提高消防宣传教育培训的能力

（2）确保应急物资与装备充足

储备应急物资：根据应急预案的要求，储备必要的应急物资，如消防器材、急救药品、防护用品等，并确保其完好可用。

配备应急装备：为应急管理团队配备必要的应急装备，如通信设备、救援工具等，以提高应急救援的效率和质量。

（3）建立应急信息报告与沟通制度

建立信息报告制度：明确突发事件信息报告的程序和时限，确保信息能够及时、准确地上报给上级应急管理部门。

加强沟通协调：加强与上级应急管理部门、其他班组和相关单位的沟通协调，实现信息共享和协同作战。

建立应急救援机构和人员通讯录，并做到及时更新；各种联络方式必须建立备用方案。负有救援保障任务的全体人员，随时保证信息畅通。

4. 做好应急响应

应急响应是出现紧急情况时的行动，是对突发事件采取的快速反应、有序救援，以减少损失的应急处置工作。主要步骤如下：

①接警与初步研判。接收到突发事件报告后，立即进行初步研判，确认事件性质、规模、影响范围等关键信息。根据研判结果，决定是否启动应急预案，并确定应急响应级别。

②启动应急预案。按照应急预案，迅速开通应急通信网络，确保信息畅通无阻。调配应急资源，包括人力、物

力、财力等，为应急救援工作提供有力保障。

③现场处置与救援。应急救援队伍应做好自身防护，迅速赶赴现场，开展人员疏散、搜救被困人员、控制事态发展等工作。根据现场情况，灵活调整救援方案，确保救援工作科学、有序、高效进行。

④信息报告。及时报告突发事件信息，包括事件进展、救援情况、安全措施等。信息报告要准确，不得错报、漏报、瞒报。

⑤后期处置。组织力量进行现场清理和消毒，防止次生灾害等发生。

如某加油站班组聚焦“快速响应 – 初期控制 – 资源衔接”，做到 1 分钟应急响应、3 分钟退守稳态、5 分钟消防联动。

不同的行业有不同的时效要求。

5. 做好应急恢复

应急恢复是指在突发事件的应急响应阶段结束后，班组以恢复生产秩序、消除事故影响、保障人员安全和设备正常运行为目标，实施的一系列措施与行动。

①现场安全管控。设置警戒标识，隔离事故区域，防止无关人员进入。排查现场残留风险，确保应急救援人员和后续作业人员的安全。

②设备设施修复。优先抢修关键生产设备，制定修复计划。对受损设施进行加固或重建，确保符合安全、质量、技术等标准。

③人员心理疏导。对经历突发事件的员工进行情绪疏导，缓解焦虑、恐惧等心理压力（可邀请专业心理咨询师介入）。

④环境污染处置。协助清理事故遗留的废弃物、污染物（如泄漏的化学品、油污），由专业机构按环保标准分类处理。

⑤总结与改进。召开班组应急恢复总结会，根据总结和反馈完善班组现场处置预案。

突发事件、紧急事件的应急响应处理过程，将是逐步以数据驱动来提供预警、执行预案和善后评估的过程。

未来，前沿技术的发展将实现智慧应急场域中政府、企业、社会和公众等多元主体间更深度的链接，使科技“硬实力”与“公众智慧”融合助推安全生活。借助 AI、云计算等新兴信息技术，社会力量可更好整合到监测预警、监管执法、辅助指挥决策、救援实战和社会动员中。同时通过各种智能化的互联网学习手段开展全民智慧安全科普和应急宣教，提升社会公众防灾减灾能力。

城门固若金汤，鱼儿尽情游弋

班组成本管理

用与省，好难啊！

成本：为了实现某个特定目标（产品）而付出的各种经济资源。

成本管理是运用管理学的理论和方法对组织耗费的各种经济资源进行预算、控制和考核的总称。

班组成本管理是班组为控制成本开支、提高经济效益，对班组各项支出进行的预测、计划、控制、核算、分析和考核等工作的总称。它是企业增加盈利的根本途径，直接服务于企业盈利目标，是企业抵抗内外压力、生存立足的重要保障，是企业发展壮大的基础。

我国早在战国时期就有商人提出“一本万利”的经商之道，这是我国历史上关于成本管理较早的论述。

一本万利

20 世纪以前，世界成本管理理论尚处于萌芽状态，其重点是对各项成本进行事后的归集、核算和反映。20 世纪中期，随着管理理论的发展，逐步形成了传统成本管理理论。进入 21 世纪后，成本管理主动与企业发展战略相匹配，形成了一种新型的成本管理模式——战略成本管理，它标志着成本管理理论日趋成熟。

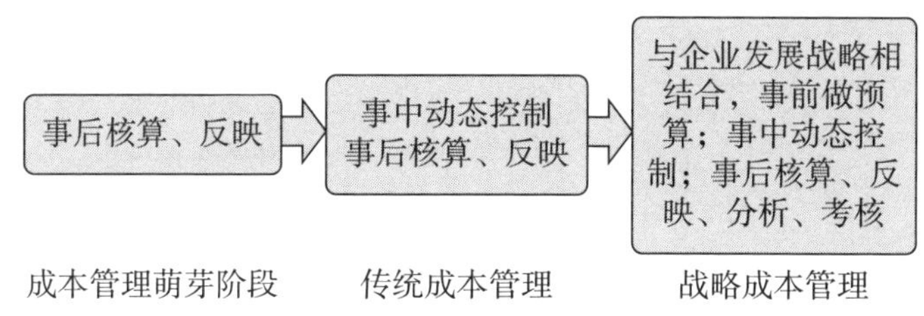

根据战略成本管理理论，班组成本管理要把握好预算管理、全员参与、过程管控、责任落实和日常监督五个关键。

严格预算管理。班组各项支出都要事先制定计划、编制预算，严格控制成本开支，确保将成本管控在预算范围内。（凡事预则立，不预则废）

鼓励积极参与。将成本管理与班组员工的工作紧密结合，形成人人关心成本、人人参与成本的良好氛围。（八仙过海，各显神通）

注重过程管理。成本管理不仅是生产型班组的事，技术型、服务型、管理型和辅助型班组都要加强成本管理，提高班组经济效益。（善始善终，积沙成塔）

落实经济责任制。将成本管理结果与员工的经济利益挂钩，奖优罚劣，提高员工成本管控意识。（实干者得实惠，有为者有位）

加强日常监督。对班组成本开支进行严格监督，确保成本管理的有效性和合规性。（把权力关进制度的笼子里，让权力在阳光下运行）

我在送快递　　我在为用户提供优质的服务

我的理想是建成
世界上最好的快递企业

按照生产要素和形成原因不同，班组成本可分为人工、设备、物料、管理等类别。一般情况下，生产型班组和服务型班组的成本组成比例可分别参考下面的饼状图。

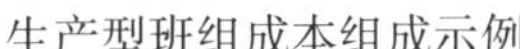

生产型班组成本组成示例

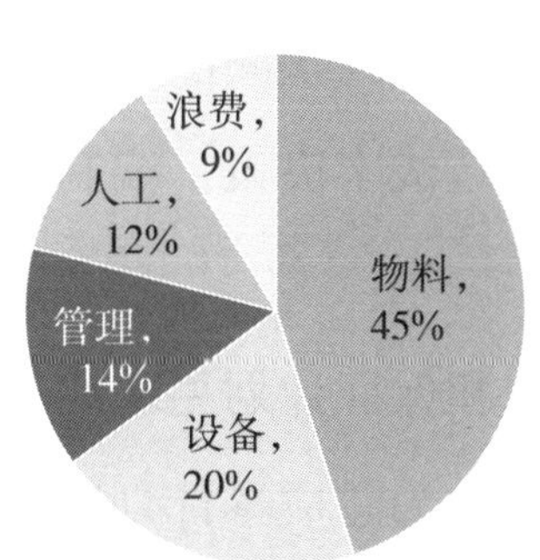

服务型班组成本组成示例

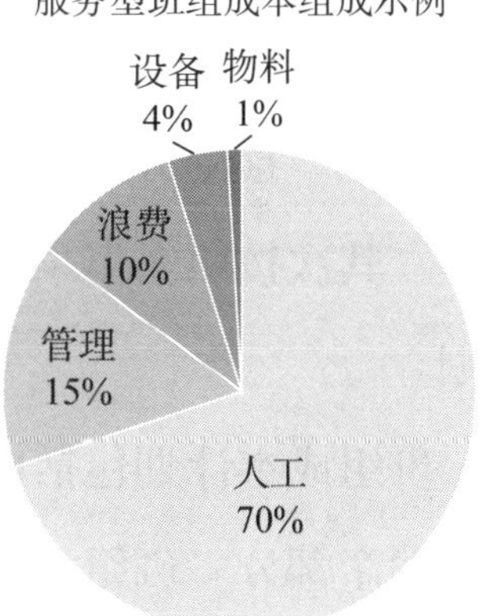

生产型班组中物料和设备成本占比较大，服务型班组中人工成本占比较大。但两种类型的班组中管理成本都具有较大的压缩空间。班组成本管理应该从这方面入手。

班组成本管理分为制定计划、执行计划和分析处置。

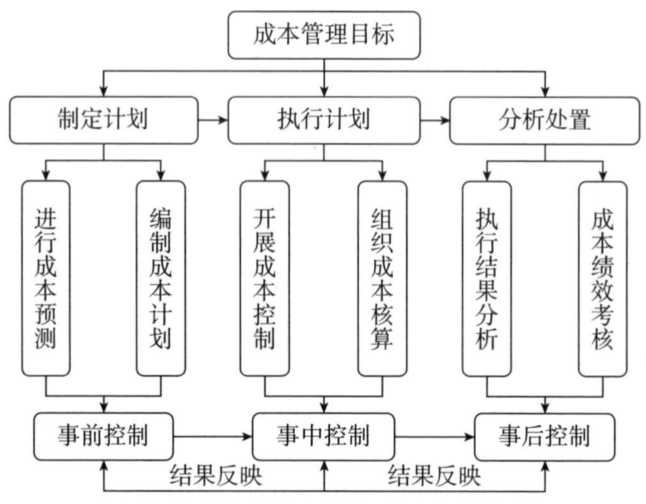

1. 制定计划

制定班组成本计划，首先要做好班组层面各项成本支出的预测。预测方法有定量预测法、定性预测法、组合预测法。其次按照实事求是的原则进行成本决策，编制成本计划。

班组成本计划包括成本计划表和保证计划兑现的具体措施两个部分。班组成本计划表又分为总成本计划表、要素成本计划表。

制定成本计划不能凭空进行，必须要有依据，或是以往的历史资料，或是当前平均先进水平的日常测算。班组要注重对人工、物料、设备和管理成本消耗定额等基础数据的日常积累。编制成本计划常用的方法有按实计算法、定额估算法、德尔菲法等。

某快递服务站采用按实计算法编制的3月人工成本计划如下表。

某快递服务站3月人工成本计划表　　单位：元

序号	成本项目	人数	单位成本	总成本
1	培训费	6	1000	6000
2	工资奖金	6	12000	72000
3	社保费	6	4800	28800
4	福利费	6	1500	9000
5	各类津贴	6	800	4800
6	离职成本	1	8000	8000
7	合计			128600

保证措施：

①优化绩效考核，精准统计每名员工的日派件量和揽件邮费累计额，建立精细化的绩效考核体系；

②优化人员调配，如把性格外向、善于交流的员工安排到揽件岗位，把踏实肯干、认真仔细的员工安排到派件岗位；

③凝聚团队力量，如开展团建活动、及时化解矛盾、提高团队凝聚力、预防员工离职。

……

一切尽在掌握中

班组编制好的成本计划经过上级部门审批后，方可按照计划组织实施并管控。

2. 执行计划

班组成本计划执行包括成本控制和成本核算两个方面。

班组成本控制是指班组通过严格落实各项保证措施，尽可能地将各项支出控制在预算内。常用的方法有相对成本控制法、绝对成本控制法、全面成本控制法等。如相对成本控制法就是班组为了增加利润，从产量、成本和收入三者的关系来控制成本的方法。

开源节流，双管齐下

班组成本核算是指班组在阶段性生产任务完成后，对周期内实际发生的各项成本进行全面归集、统计，将实际发生成本与成本计划逐项进行对比，计算每项成本的节超率，编制成本核算表，并在此基础上对成本控制方向、成本控制效率等进行分析。

精打细算半年粮

某快递服务站通过严格执行成本计划、落实保证措施，各项成本均控制在预算内。该班组的人工成本核算表如下。

某快递服务站 3 月人工成本核算表　　单位：元

序号	成本项目	计划成本	实际成本	节支率	备注
1	培训费	6000	5500	8.3%	线下培训变线上培训，培训费下降
2	工资奖金	72000	72000	0.0%	
3	社保费	28800	26000	9.7%	争取优惠补助
4	福利费	9000	9000	0.0%	
5	各类津贴	4800	4800	0.0%	
6	离职成本	8000	0	100.0%	无员工离职
7	总成本	128600	117300	8.8%	

该班组采取线上培训，适时开展团建活动，增强员工团队意识和凝聚力，有效预防员工离职，这些都是人工成本控制的有效措施。

3. 分析处置

班组成本的分析处置包括成本计划执行结果分析和成本绩效考核两个方面。

班组要全面分析实际发生的各项成本的构成、数量变化及各项成本指标之间的关系，全面掌握班组成本管理水平。常见的成本分析指标有总量指标、结构指标和比率指标，分析方法有比率分析法、因素分析法、趋势分析法。

班组成本考核有制定考核办法、实施考核、监督实施过程三个环节。常用的方法是关键指标法，如成本产出系数就是班组生产过程中花费的各项成本与生产产出之比，是衡量生产效益的重要指标之一。

某快递服务站 3 月人工成本考核表如下。

某快递服务站 3 月人工成本考核表

序号	考核指标		评分标准	实测值	得分	权重
1	总量指标	人均人工成本	人均成本不大于 20100 元时得 100 分，每大于 100 元扣 1 分，直至 0 分	19550	100	25%
2	结构指标	离职成本占比	离职成本占比小于 6.2% 时得 100 分，每上升 1% 扣 1 分，直至 0 分	0.0%	100	15%
3	比率指标	成本产出系数	成本产出系数达 12.0% 时得 100 分，每下降 1% 扣 10 分，直至 0 分	10.0%	80	35%
4		人事费用率	人事费用率低于 10.0% 时得 100 分，每上浮 0.5% 扣 1 分，直至 0 分	8.6%	100	25%
5	合计				93	

该班组虽然完成了成本计划，将成本控制在预算之内，但是班组的成本产出系数仍有提升空间。班组今后要在揽件创收方面下功夫，通过必要的宣传、主动对接区域内的

网店等措施增加收入，提高班组人均创效水平。

进入高质量发展的新时代，新质生产力不断发展，战略成本管理理念不断深入，质量成本、现场浪费等管理成本已悄然成为当前班组成本控制的重点。

班组质量成本包括质量预防、质量鉴定和质量损失三个方面。

类别	内涵	示例
质量预防成本	班组为了保证产品或服务质量不低于某一所需水平而开展预防活动或采取预防措施所发生的费用	快递包装、警示标识等
质量鉴定成本	班组为实施质量控制，对产品或服务进行质量检验等所发生的费用	检测试验费、日常检查人工费等
质量损失成本	班组产品或服务由于发生质量问题而产生的一切损失和费用	件损的赔偿、误工费等

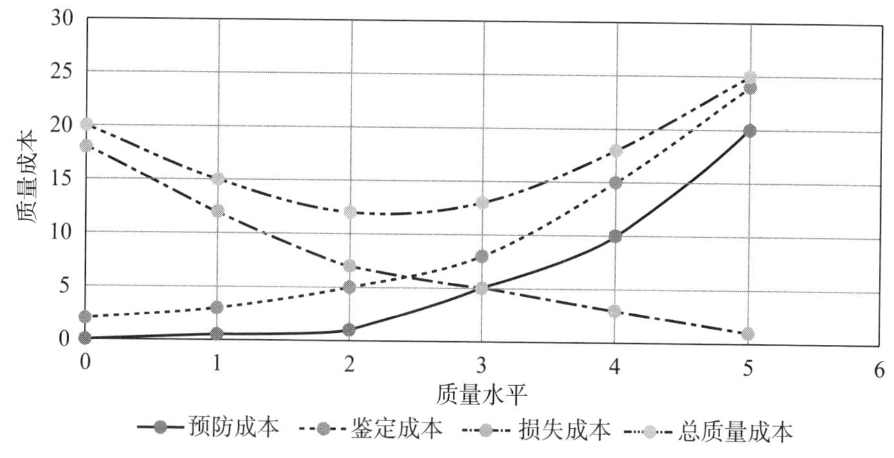

质量成本构成示意图

由上图可以看出，过度追求质量会导致质量预防和鉴定成本增加，不注重质量也会导致产品质量损失的成本增加。不偏不倚，将产品（服务）的质量控制在合理水平才能使总质量成本最优。

班组质量成本控制的方法见下表。

质量成本控制方法一览表

方法	具体内容
提高员工技能	对员工操作技能和质量检验技能进行培训
产品质量控制	提高产品质量，降低不合格率
工序质量控制	控制工序活动条件和工序活动效果

续表

方法	具体内容
降低产品不良率	严格执行操作规程和作业指导书，安装防错装置
实施 8D 质量改善	程序化、系统化的质量问题分析、改善方法

快递服务站负责人结合以往的服务情况和快递行业的平均先进水平把本服务站的件损率目标、不良服务投诉率目标分别设定为不超十万分之三、万分之一。同时要求每名快递员牢记该目标，严格执行邮件包裹寄递服务标准，逐步杜绝件损、大幅减少投诉。

班组现场浪费是指在生产或服务过程中不增加产品或服务的价值却又发生成本的一系列活动。现场浪费通常分为七大类。

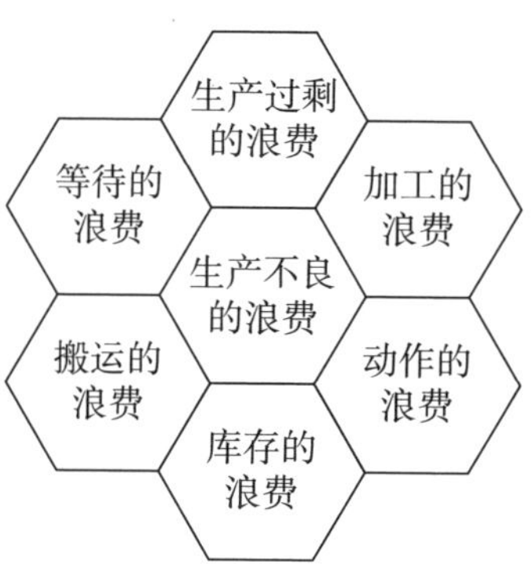

据调查，快递服务站里搬运浪费占比最大，那如何应对呢？

全流水线分拣　减少搬运浪费

消除搬运浪费的方法有：把分离流程并入主生产线、U 形布置设备、优化搬运流程等。

随着科技不断进步，快递站引进自动分拣机器人以降低人工成本、引进派件无人机以提高派件效率、设置智能驿站以解决美丽乡村不通快递的问题等。

未来成本管理的趋势是数据化、精细化、环保化和全员参与。班组需要结合自身实际情况和企业发展方向，抓住重点、突出关键，提高成本管理水平，实现可持续发展。

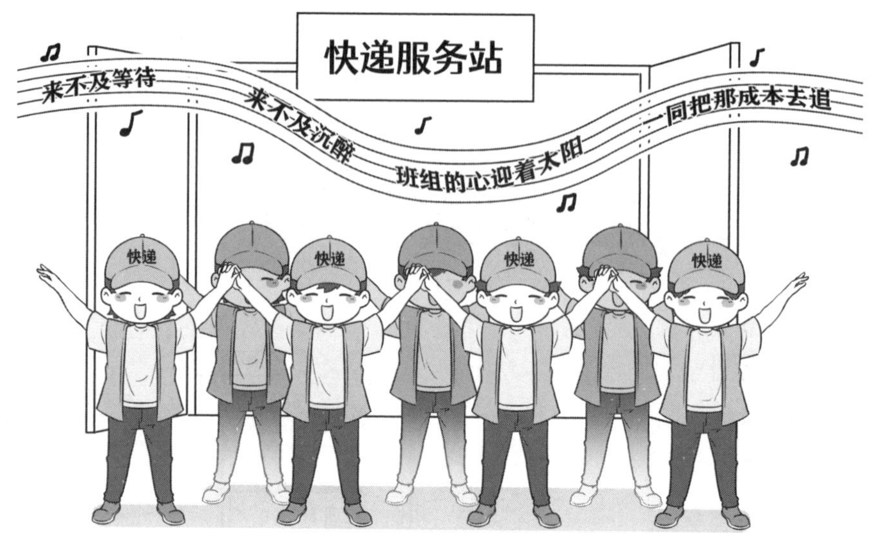

成本管控　人人有责

班组知识管理

“鲁壁”薄饼里藏着五花肉，外酥里嫩

这道“非遗”孔府菜叫“鲁壁藏书”。相传秦始皇焚书时，孔子九代孙孔鲋将《论语》《孝经》《尚书》等儒家经典简册藏于孔子故宅的墙壁中。汉武帝时，鲁恭王扩建宫室拆了孔子故宅，才发现这批简册并得以传承，这道菜就是为了纪念孔鲋。

知识：人类认识的成果或结晶。

知识管理是对知识、知识创造过程和知识的应用进行规划与管理的活动。

班组知识管理是建构一个量化与质化的知识系统，让组织中的知识通过获得、创造、分享、整合、记录、存取、更新、创新等过程，不断回馈到知识系统内，成为管理与应用的智慧资本。

“芝士”就是力量　知识就是力量

知识管理作为一种管理思想和方法体系，以人为中心，以数据、信息为基础，以知识的创造、积累、共享及应用为目标。班组知识的范畴包括但不限于经验、管理方法、作业方式、创新成果、合作伙伴与供货商的关系、顾客及市场情报等。

师傅做的　　　　我做的

在我国古代，将能够收集到的文献材料与文献资源，组织编制成目录或摘要式的文献管理，就是具体而有效的知识组织管理。“编书”也是系统化的知识组织方式，如《史记》《永乐大典》《四库全书》等编书工程。

叙利亚的爱伯地区发现了大量距今4000多年的古巴比伦时期楔形文字档案，这些文献试图组织有关当时的文明、政府和商业的各种记录，从而保证具有很高价值的信息能够顺利地一代代传递而不会丢失。

DIKW金字塔

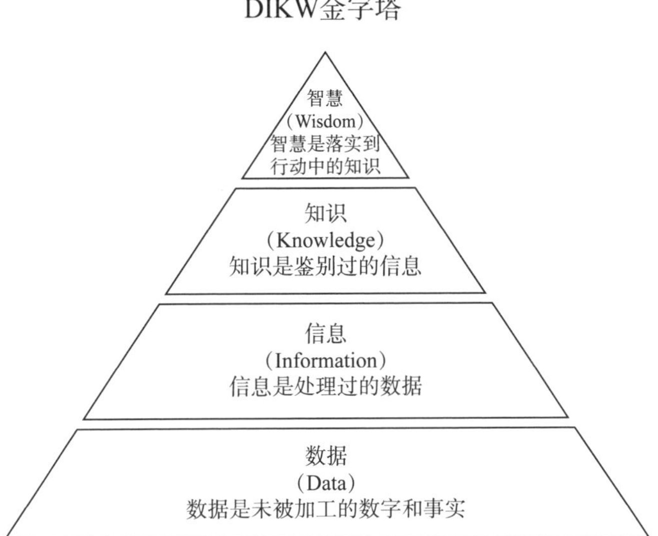

在 DIKW 模型中，知识演化有四个层次。从“数据”到“信息”，到“知识”，再到“智慧”，就像从新手到资深员工，到专家，再到大师。

知识是经过“加工”的信息，在具有意义的背景环境与分析处理后，能为班组带来真正的价值，它是隐含在专利技术、成功产品与有效策略之后的“超能力”。

1. 班组知识分类与获取，做到内外并蓄

一般情况下，可以将知识划分为隐性知识和显性知识两类。将获取到的知识进行整理、分类和组织，并建立相应的知识库、知识图谱等知识管理系统，以便于知识的查找和利用。

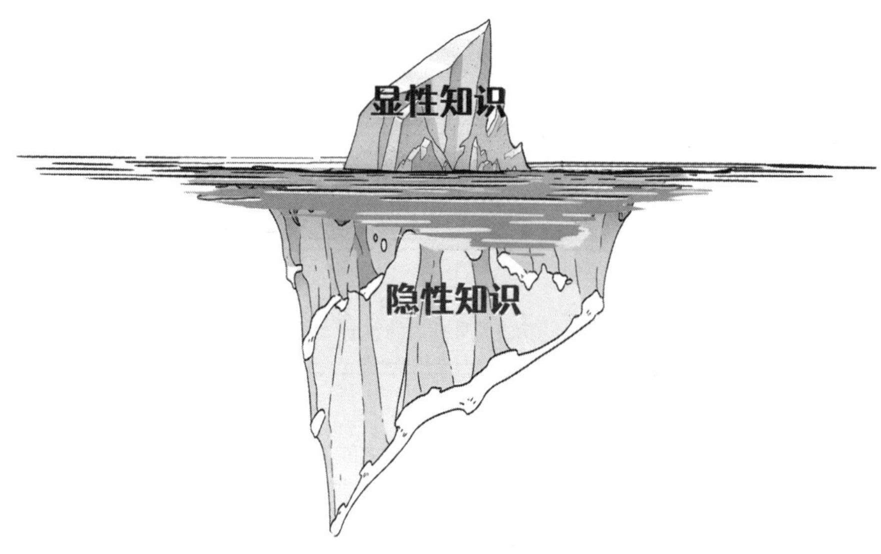

显性知识是“露出海面的冰山一角”，是可结构化、明确化的知识信息，比如常见的食谱、营养成分、参考资料等。

隐性知识是“隐藏在水面下”的大部分，是存在于个体或群体内的非结构化的知识信息，比如个人的烹饪经验、灵感、“秘方”等。

知识是离散的、默会的，甚至具有专业性，班组一般可从内部和外部两种渠道获取。

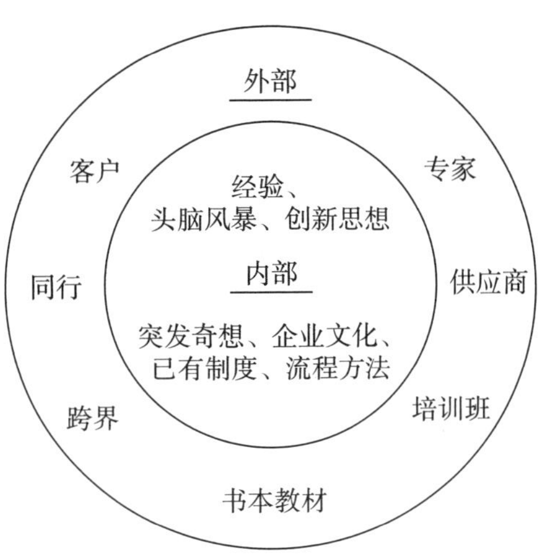

①内部来源（如企业文化、烹饪过程中获得的知识、菜品和服务的改进结果等）。

②外部来源（如厨艺交流、专业培训、从顾客或外部供方收集的信息等）。

2. 班组知识转换与创造，做到四个“化”

隐性知识和显性知识二者之间互相作用、互相转化，其过程实际上就是知识创造的过程。知识转化与创造有四种基本模式，即著名的 SECI 模型。

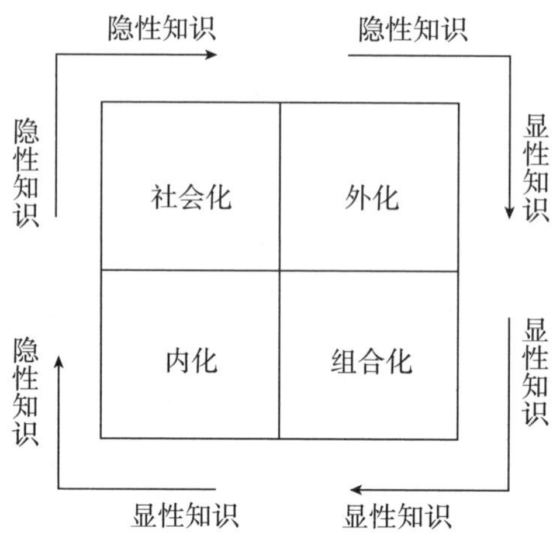

①“潜移默化”（社会化）——隐性知识向隐性知识的转化。典型做法：师傅带徒弟。

为促使其转换，班组应鼓励社团活动，提高经验分享的范围和层次；设立像茶水间的工作喘息空间，建立非正式的交流时空；养成分享知识的习惯，厨师长带头，鼓励个人主动分享知识、技能。

②“外部明示”（外化）——隐性知识向显性知识的转化。典型做法：作业指导书、操作规程等。

研究设计新菜谱

为促使其转换，班组应将顾客或专家们高度个人化或高度专业化的隐性知识转变成可以理解的形式；将在项目或产品中成功的经验或失败的教训形成文字，提供渠道让其他成员参考；利用图片、视频、新媒体等，将想法更加清楚地表达出来。

③“汇总组合”（组合化）——显性知识和显性知识的组合。典型做法：大规模数据库等。

戴VR眼镜　看5D菜谱

为促使其转换，班组应将显性知识重新加以汇整及处理，使之变成报告或市场资料，以方便使用；建立电子数据库，通过内部平台或互联网平台上传知识，实现资源共享；利用工作会议、座谈会等方式将新知识传播给班组其他成员。

④“内部升华”（内化）——显性知识到隐性知识的转化。典型做法：培训、交流等。

为促使其转换，班组应引进、消化、吸收、转化外部知识，将隐性知识变成具体措施；运用 AI、数字孪生、元宇宙等，在虚拟情况下学习新知识、新技能。

以上四种不同的知识转化模式是一个有机的整体，缺一不可。

3. 班组知识提取与积累，做到三个“轻”

①轻易——善用标签。尝试用标签给收藏的菜单、知识点进行分类，以便快捷提取。

②轻快——及时复盘。不要让知识囤积，轻装上阵，获取更多知识，升级更多领域。

③轻便——数智赋能。建立合适的知识提取与积累架构，打造一艘属于自己的知识“轻舟”。

4. 班组知识管理的应用

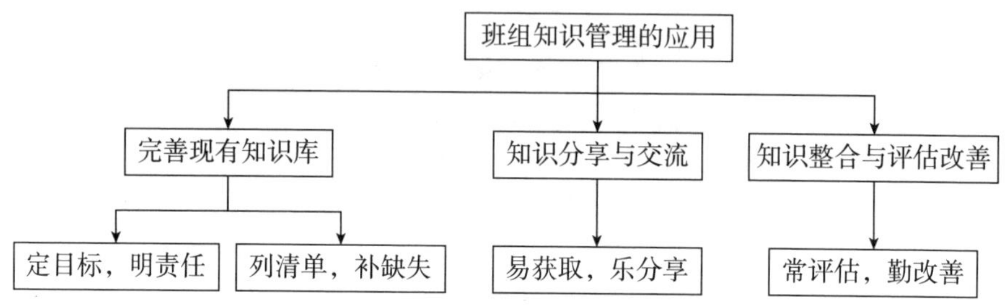

①定目标，明责任。对班组知识现状进行分析，使知识管理系统与班组目标保持一致，由专人负责，各专所长。

②列清单，补缺失。梳理班组知识清单，找出缺失的内容，通过观察、用户访谈或专家调研等方式，不断完善知识体系。

③易获取，乐分享。建立班组知识管理库，易于获取和访问，组织班组内部的知识分享会。

④常评估，勤改善。定期回顾、总结，衡量成效，并动态更新。

5. 把知识作为资产来管理

班组在进行创造、积累、分享和使用知识的同时，还应注重内部知识的安全保密，保护知识产权，避免因人员的流动、合作伙伴、供应商等因素导致知识流失与损失。

（1）专利保护

专利就像一把锁，牢牢守护创新者的合法权益。通过申请专利，获得对发明、技术或设计的独占权，确保劳动成果不会被盗用。

（2）商标保护

商标就像一张名片，代表着品牌和产品。通过注册商标，可确保品牌名称、标识和标志不会被他人滥用。

（3）版权保护

版权就像一面盾牌，守护着作品不受侵犯。通过获取版权，可确保作品享有应得荣誉和专属利益。

各班组可根据实际情况，明确知识保密重点，制定相应保密措施。将如产品研发、销售网络、专利技术、业务流程、专业技能等知识，作为核心资产进行管理、开发和保护。建立相应的管理制度，通过知识库等形式固化到班组中。

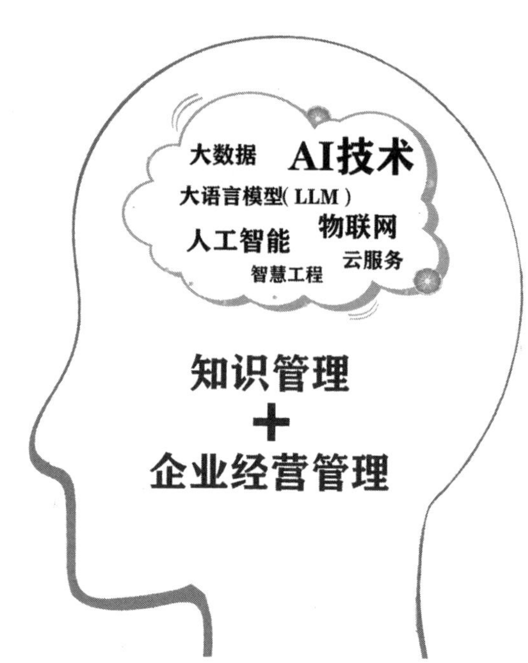

大数据时代，对知识管理提出更高的要求。未来，以AI技术为代表的人工智能将快速渗透到知识管理的各项工

作中，实现知识管理与企业经营管理高度融合，大幅提高知识管理和数智化转型的速度和完成度。

班组创新管理

《韩非子》记载："先王立司南以端朝夕。"司南后经逐步改造形成了指南针。指南针是中国古代劳动人民在长期的实践中对磁石磁性认识的结果，它的发明对人类的科学技术和文明发展，起到了不可估量的作用。

《魏书》记载："革弊创新者，先皇之志也。"早期创新主要是指制度方面的改革、变革、革新和改造。

奥地利经济学家熊彼特把创新定义为：建立一种新的生产函数。它包括：引入一种新产品；采用一种新的生产方法；开辟新市场；获得原料或半成品的新供给来源；建立新的企业组织形式。

创新：以现有的思维模式提出有别于常规或常人思路的见解为导向，利用现有的知识和物质，在特定的环境中，本着理想化需要或为满足社会需求，而改进或创造新的事物，包括但不限于各种产品、方法、元素、路径、环境等，并能获得一定有益效果的行为。

创新管理：以组织结构和体制上的创新，确保整个组织采用新技术、新设备、新物质、新方法成为可能，通过决策、计划、指挥、组织、激励、控制等管理职能活动和组合，为社会提供新产品和服务。

序号	名称	说明	例子
1	原始创新	指前所未有的重大科学发现、技术发明、原理性主导技术等	屠呦呦发现青蒿素
2	集成创新	指通过对各种现有技术的有效集成,形成有市场竞争力的新产品或管理方法	国际空间站
3	消化吸收—再创新	指在学习、分析、借鉴的基础上,进行再创新,形成具有自主知识产权的新技术	中国高铁

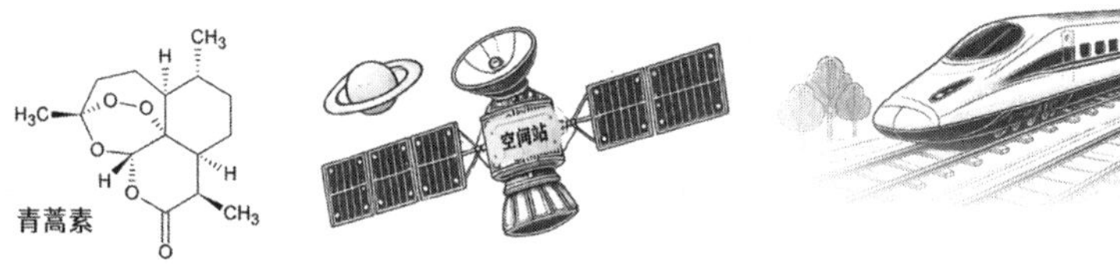

原始创新　**集成创新**　**消化吸收—再创新**

创新是现代企业的生命力，有助于满足市场需求，提高产品的竞争力，创造差异化优势，发掘新商机，为企业开拓新的业务领域、推出新产品或服务提供更多机会。

班组创新是班组成员通过对管理方法、生产技能等相关行为的创新，促进班组建设，提升班组综合能力，达到提高班组效益的活动过程。

班组一般采用第三种创新形式，即消化吸收—再创新，可通过质量管理小组活动、金点子、合理化建议和技术改进、“五小工程”等开展创新活动。

创新流程可参考质量管理小组活动（创新型课题）程序。

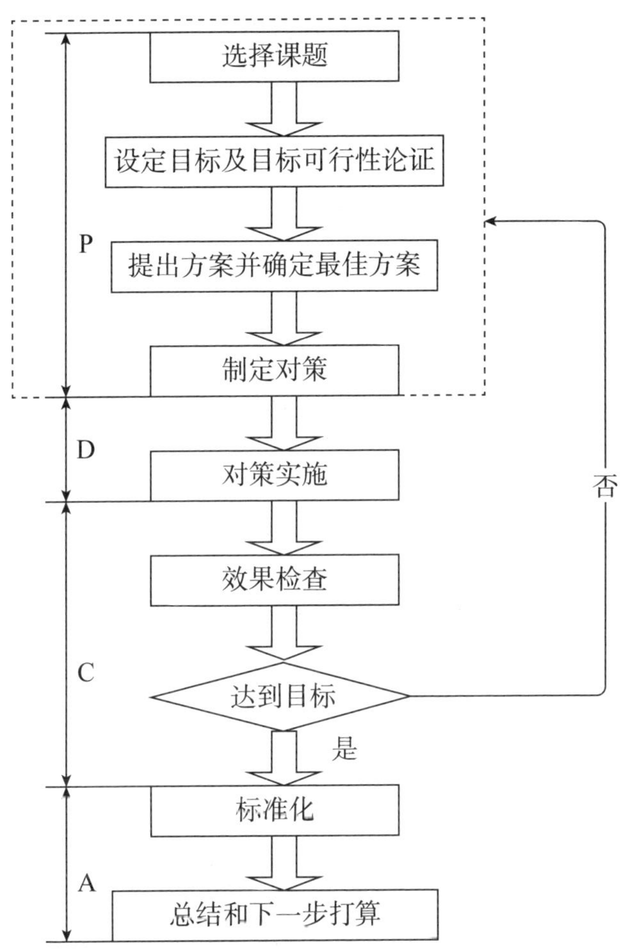

班组创新管理可从营造创新氛围、建立创新机制、提升创新能力、推动创新成果转化与应用等方面入手，促进班组高质量发展。

1."人人来创新！"——营造浓厚的创新氛围

①增强意识。让班组成员意识到创新不仅是一种行为，更是一种思维方式，鼓励班组成员勇于尝试新理念、新方法。

5W2H 分析法又叫七问分析法，即为什么（Why）、做什么（What）、谁（Who）、何时（When）、何地（Where）、怎样（How do），多少（How much/many），广泛应用于企业管理和技术活动，对于决策和执行性的活动也非常有帮助，有助于弥补考虑问题的疏漏。

②关注需求。激发班组成员的创新热情，提出并落实最佳方案，满足内外部顾客的需求。可通过诸葛亮会（头脑风暴法）的形式，让班组成员畅所欲言。

③巧径创新。班组可采取“加减乘除”“和田十二法”等多种形式对安全、生产、管理、服务及其他方面进行提升改进，充分展示班组成员智慧和创新成果。

形成人人关心创新、人人喜爱创新、人人享受创新的浓厚氛围。

2.“机制来保障!”——建立班组创新机制的“铁三角”

①分享机制。鼓励班组成员分享自己的学习心得和研究成果，提高学习和总结的积极性，促进班组成员之间的学习和交流。

②激励机制。鼓励班组成员积极参与创新活动，形成合力，奖励突出贡献者，推动创新能力的持续提升。

③容错机制。建立健全宽容失败的容错免责机制，鼓励班组成员大胆探索，挑战未知。

3. “你能我也能！”——提升班组创新能力

①运用创新原理。为班组成员提供学习和研究的资料和平台，组织和参加内外部培训。班组成员可运用萃智理论，根据需求对创新思路进行梳理，借鉴可操作性强的创新原理。

萃智理论（TRIZ）是一套解决复杂技术问题的系统方法。班组按照以下步骤运用创新原理：一是寻找主要矛盾点；二是对照 39 个通用工程参数找出矛盾点中的改善参数和恶化参数；三是查阅阿奇舒勒矛盾矩阵表，找出 40 个创新原理的对应原理；四是选择可操作性强的创新原理执行。

39 个通用工程参数

1. 运动物体的质量	11. 应力或压力	21. 功率	31. 物体产生的有害因素力或压力
2. 静止物体的质量	12. 形状	22. 能量损失	32. 可制造性
3. 运动物体的长度	13. 结构的稳定性	23. 物质损失	33. 可操作性
4. 静止物体的长度	14. 强度	24. 信息损失	34. 可维修性
5. 运动物体的面积	15. 运动物体作用时间	25. 时间损失	35. 适应
6. 静止物体的面积	16. 静止物体作用时间	26. 物质的能量	36. 装置的复杂性
7. 运动物体的体积	17. 温度	27. 可靠性	37. 控制的复杂性
8. 静止物体的体积	18. 明亮度的有害因素	28. 测量准确度	38. 自动化程度
9. 速度	19. 运动物体的能量消耗	29. 制造准确度	39. 生产率
10. 力	20. 静止物体的能量消耗	30. 作用于物体的有害因素	—

40 个创新原理

1. 分割原理	6. 多用性原理	11. 预先防范原理	16. 未达到或过度的作用原理
2. 抽取原理	7. 嵌套原理	12. 等势原理	17. 空间维数变化原理
3. 局部质量原理	8. 重量补偿原理	13. 反向作用原理	18. 机械振动原理
4. 增加不对称性原理	9. 预先反作用原理	14. 曲面化原理	19. 周期性作用原理
5. 组合原理	10. 预先作用原理	15. 动态化原理	20. 有效作用的连续性原理

续表

21. 减少有害作用原理	26. 复制原理	31. 多孔材料原理	36. 相变原理
22. 变害为利原理	27. 廉价品替代原理	32. 改变颜色原理	37. 热膨胀原理
23. 反馈原理	28. 机械系统替代原理	33. 同质性原理	38. 强氧化剂原理
24. 借助中介物原理	29. 气压和液压结构原理	34. 抛弃与再生原理	39. 惰性环境原理
25. 自服务原理	30. 柔性壳体或薄膜原理	35. 物理或化学参数改变原理	40. 复合材料原理

如某班组研制的拾物器巧妙运用了组合、嵌套、多用性、动态化等原理。

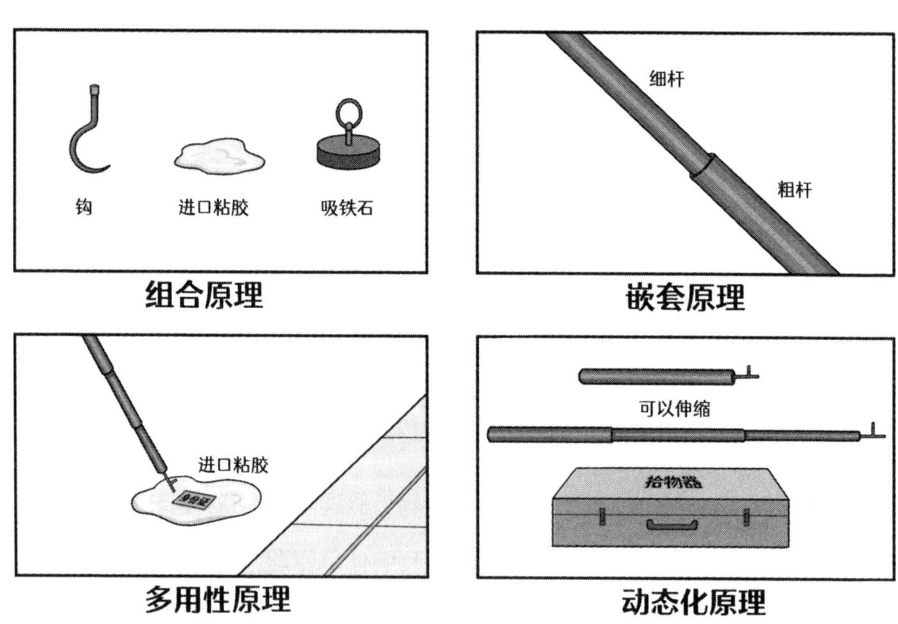

②加强团队协作。组织项目攻关、团队竞赛等，鼓励跨界合作，敞开门来搞创新。

③组织研讨活动。定期讨论创新案例的思维和过程，从正反两个方面汲取经验和教训。

4.“大胆往前走！”——推动创新成果转化与应用

①评审。在创新成果开展试用前，应完成相应的方案评审和技术验证，满足班组内外部安全生产等条件。

②试用。班组内部应对创新成果进行客观评价，其试用过程应符合国家标准、行业标准和企业内部相关规定。

③改进。在试用中发现新成果的短板或有可能引发的其他问题时，应立即停用并采取相应改进措施。

惟创新者进，惟创新者强，惟创新者胜。各行各业要以科技创新推动产业创新，特别是以颠覆性技术和前沿技术催生新产业、新模式、新动能，发展新质生产力。班组在创新中承担着重要的责任和使命，只有不断创新，才能勇立潮头。

参考文献

[1] 中国质量协会.质量管理小组活动准则：T/CAQ 10201—2024 [S].北京：中国标准出版社，2025：2.

[2] 中国质量协会.质量信得过班组建设准则：T/CAQ 10204—2024 [S].北京：中国标准出版社，2025：2.

[3] 成立平.实用班组建设与管理——班组长必读 [M].北京：机械工业出版社，2021.

[4] 崔生祥.班组长安全管理手册 [M].北京：人民日报出版社，2018.

[5] 高常青.TRIZ——发明问题解决理论 [M].北京：科学出版社，2011.

[6]“安全与应急科普丛书”编委会.事故自救互救知识 [M].北京：中国劳动社会保障出版社，2022.

[7] 王鑫.简化的顾客满意测量 [M].北京：中国社会出版社，2021.

［8］王宏伟．中国式现代化视角下的应急管理［M］．北京：应急管理出版社，2023.

［9］吴拓．班组管理一本通［M］．北京：化学工业出版社，2021.

［10］新益为．精益班组管理实战［M］．北京：人民邮电出版社，2022.

［11］张翠娟，杨志磊，林春雪．知识管理［M］．北京：清华大学出版社，2020.

跋

高质量发展是全面建设社会主义现代化国家的首要任务。企业是全面建设社会主义现代化国家的重要参与者、推动者。班组作为企业的组成细胞，理应坚决扛起高质量发展的大旗，当好高质量发展的具体实践者。卓越班组建设可大幅提升员工素质、增强班组凝聚力、提高工作效率和产品质量，进而增强组织核心竞争力。

在本书中，我们以漫画结合日常生活中常见的卓越班组建设案例，努力将卓越班组建设的基本理论和具体方法，尽可能准确而又不失趣味地展现给读者。希望通过本书的启迪，帮助越来越多的班组迈上“卓越”的新台阶。

本书的创作团队由志同道合的老、中、青三代质量人组成。他们来自生产制造、经营服务、综合维保等不同的行业领域，充分发挥各自优势，青蓝相继、冲云破雾、集思广益、精益求精，致力于为广大读者奉上一本好书。

这本书虽为趣味读本，内容提纲挈领而又不失诙谐幽默，但其创作过程并不轻松。毕竟这是一次全新的尝试，全体参编人员深入班组现场调研，辗转江浙沪皖四地召开研讨会、审稿会，一路披荆斩棘……在本书撰写过程中，参考了众多优秀的文献，受益匪浅。特此向这些文献的作者们致以诚挚的谢意！

最后，祝各行业的班组在中国式现代化的新征程上勇毅前行，在高质量发展的大道上行稳致远！